経営者が語る戦略教室

日本経済新聞社=編

日経ビジネス人文庫

まえがき

2012年末の総選挙で自民党が大勝、安倍晋三総裁が首相に復帰してから、株価は上昇基調で個人消費も上向く兆しが見えてきました。それでも企業業績の先行きには不透明感が漂い、同じ業界の中でも会社によって優勝劣敗が明確になるケースもあります。業績を上げるには優秀な人材、潤沢な資金、優れた技術などさまざまな資源が必要ですが、それだけでは十分とはいえません。会社を取り巻く現状や未来を慎重に見据え、総合的な判断を下せる経営者の存在がなければ、会社は潜在力を発揮することができないのです。

この本では、さまざまな業界を代表する22人の経営者の声を収録しました。伸び悩んでいた老舗企業のV字回復を実現したカルビー会長兼最高経営責任者（CEO）の松本晃氏、農産物の宅配事業を創業したオイシックス社長の高島宏平氏、地方都市にありながらジーンズに使うデニム生産で日本一の市場占有率を誇るカイハラ社長の貝原潤司氏など、個性あふれる経営者の具体的な体験談やビジネスの信条がふんだんに盛り込まれています。

企業経営の仕組みや方法は細かく見れば千差万別であり、22人の経営者の話を読んでも、それは実感できます。でも、成功している経営者の手法には何らかの共通点があるはずです。そう考えて、よりよい経営の条件を研究する学問が経営学です。日本では経済学の一分野としてとらえられることが多いのですが、優れた経営学者たちは成長する企業を丹念に観察、成功の秘密を探ろうとしています。22人の経営者の話は、経営学の観点から「業績回復に挑む」「ITでニーズを掘る」をはじめとする7章に分け、それぞれの章末に第一線で活躍する経営学者による総括である「読み解く」を加えました。ビジネスにおける斬新な発想や判断の背景は、分析のプロである経営学者の目を通すと、どのように解釈できるのでしょうか。将来の経営参画を目指す野心あふれる若手や中堅のビジネスパーソンにも参考になるはずです。

日本経済新聞朝刊の経済教室面で12年9月から13年5月まで連載した「経営塾」の内容をまとめました。その後、経営者の肩書きが変わったり、より新しい決算内容が発表されたりした例もありますが、すべて掲載時のままにしてあります。新聞編集は津川悟、前田裕之、加賀谷和樹、松林薫、千葉研、畠山周平が担当しました。

２０１３年８月

日本経済新聞社

目次

第Ⅲ章　新たな市場を拓く

第Ⅳ章　グローバル展開に挑む …… 141

第V章　人材を育てる・生かす

第Ⅶ章　地方からのオンリーワン

第Ⅰ章　業績回復に挑む

1

カルビー会長兼CEO 松本晃氏

Point
- 経営と所有を厳格に分離
- 不要なコストを削減、求められる機能を充実
- 主体的に働ける社員を育成

統治システム変え利益4倍超

カルビーの社外取締役に就いた2008年6月、同年3月期の同社決算書に驚いた。年4千億円の国内スナック市場で5割近い最大手なのに売上高営業利益率は1・8%。これは営業利益を売上高で割った指標で、世界の食品大手は15%前後が珍しくない。経費が過剰なのは明らかだった。

それでも「ポテトチップス」「じゃがりこ」といったヒット商品を抱え、開発力は高い。経営に手を加えれば再び飛躍する会社だと思った。

純利益は08年3月期まで3期連続で10億円を下回る不振。だが会長兼最高経営責任者（CEO）に就いて初年度の10年3月期から3期平均で51億円強に押し上げた。その前の3期平均の4・5倍だ。13年3月期は75億円を見込む。

京都大から伊藤忠商事を経て米製薬大手ジョンソン・エンド・ジョンソンの日本法人社長を9年間務めた。その間に知り合ったカルビー創業家出身の松尾雅彦氏に誘われた。

社外取締役として率直に提言。09年2月、数人の幹部に呼ばれ社長就任を依頼された。固辞したが「CEO兼任の会長では」と迫られた。カルビーの立て直しは魅力的だった。生え抜きの伊藤秀二氏が社長兼最高執行責任者（COO）として補佐役に回ってくれた。

統治システムを再構築するため、取締役会の構成を大きく変えた。社内9人と社外2人を、会長と社長だけの社内2人と社外5人に改めた。外部チェックを強めた。松尾氏も役員から退き、取締役会から創業家が消えた。経営と所有は厳格に分けないといけない。

カルビーの売上高と純利益

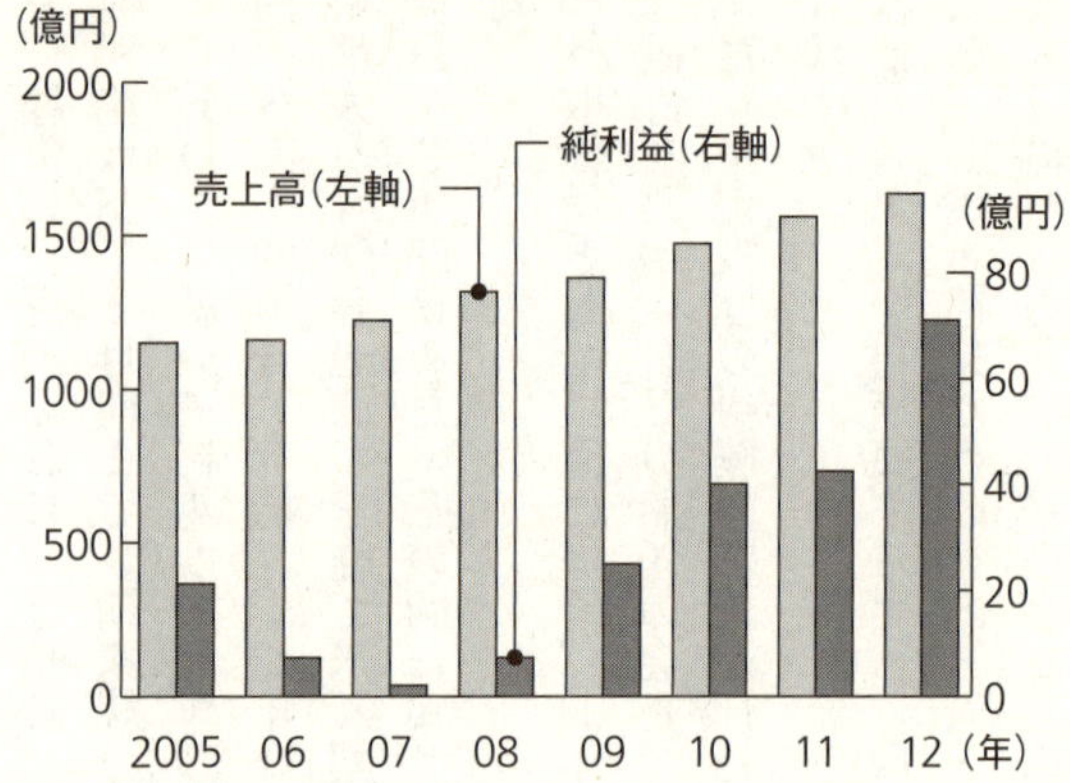

（出所）　カルビー決算書（連結ベース）　3月期

購買部門設けコスト削減

会社が顧客に果たすべき役割は3つある。製品の品質や安全、安定供給の2つでカルビーは優れていたが、コスト管理には無頓着なようだった。

利益を増やすにはコスト削減が必要だった。まず東京の本社に購買部門を設け、原則としてそこを通さないと原材料や資材が買えなくした。一括購入で値段を下げ、余分な買い物を減らした。

設備投資には規律を導入した。04年3月期から4年間の設備投資は計300億円前後で、08年3月期に78億円の減価償却費を負った。当時の設備投資は競合大手の7倍前後。設備が売り上げ増加に結びつけばよいが、買っても使わない設備が結構多かった。

設備投資は⑴顧客の安全安心⑵新商品などで売り上げ増⑶コスト削減⑷労働環境の改善――のいずれかを満たさなければ認めないと決めた。国内の設備投資額は12年3月期が40億円台で、13年3月期も同水準の計画だ。

〝鮮度調査隊〟も11年に廃止した。これは受け持ちのスーパーでポテトチップスなどの製造年月日や賞味期限を点検していた全国の約200人の契約社員のことだ。だが技術や流通が発達、もはや古い製品が出回る可能性はなかった。調査はすでにやり過ぎだった。

メンバーはスーパーとのパイプを生かした営業要員に転身させた。それが11年からの好調な販売につながっている。

創業家のやり方は否定しない。不要なコストを削り、求められる機能を充実したのだ。新しい経営者は前任者と違うことをやりたがるが、慎重になるべきだ。社員の大半を引き継ぐのだから。

6つの戦略、海外強化など柱

2009年6月の会長就任時には6つの成長戦略を表明した。具体的には⑴海外進出⑵商品開発⑶主力商品ポテトチップスのシェア拡大⑷食品の世界大手米ペプシコとの提携⑸国内外を問わないM&A（合併と買収）⑹新規事業——である。

最も力を入れるのが海外市場の開拓だ。カルビーは世界人口の2%に満たない日本で売上高の大半を稼いでいた。だが人口減とデフレで国内市場の拡大は見込めない。海外市場を3つに分け、段階的に進出する。スナック菓子を輸出すれば鮮度が落ちておいしくなくなるので、現地生産が欠かせない。北米と中国を中心とした第1フェーズはすでにメドがついた。今後は欧州、ロシア、豪州、インドネシアを含む第2フェーズ、インドとブラジルが軸の第3フェーズを前進させる。

海外の設備投資は増やしている。13年3月期は国内に匹敵する30億～40億円を海外に投じる予定。21年3月期には連結売上高の海外比率を3割に高めることが目標だ。

研究開発には多くの資源を投入するように改めた。かけるお金はまだ連結売上高の1%程度だが、当面は5%まで引き上げる方針だ。将来は米国、中国、欧州にも研究開発拠点を設け、日本を加えた4極で同じテーマを24時間体制で研究する仕組みをつくりたい。

当社は年間で50億円売れるヒット商品を7品目ほどしか持たない。これを20品目に増やすのが目標だ。スタッフが力を出しやすいように失敗を責めない体制を整える。

ポテトチップスの国内シェアは00年代初めには75％前後あったが、09年ごろには60％を割り込んだ。コスト削減によって卸価格を下げた結果、65％前後まで回復した。工場の稼働率が上がり、さらにコストが低下する好循環になっている。

新規事業はもうかることが前提。最近ではできたてのポテトチップスを楽しめるアンテナショップの全国展開を決めた。

ペプシコとの提携　実現

会長就任直後の09年7月、米食品大手ペプシコとの提携で合意した。10年来の課題だったが、「M＆A（合併と買収）で成長してきたペプシコがカルビーをのみ込むのでは」と創業家が懸念したことも、協議が滞る一因だったようだ。

商社出身で外国人の相手は慣れていた。交渉は順調で決めたのは⑴ペプシコ日本

提携交渉は4時間で終わった(右から3人目が筆者、米ペプシコ社)

法人(ジャパンフリトレー)の全株式をカルビーが購入 (2)ペプシコはカルビーの発行済み株式の20%を取得――という2つの契約だけ。

ペプシコとの提携をどう生かすか。カルビー製品を北米でペプシコの販売網に乗せることも選択肢の1つだが、同社はもうけの少ない事業に乗らない。ペプシコの米国での売上高営業利益率は27%前後。当社がこの水準に近づくには大変なコスト削減を強いられる。

それでも外国企業から学ぶことは多い。前に日本法人の社長を務めた米ジョンソン・エンド・ジョンソンからは「これさえやれば必ずうまくいく」と信じる経営哲学を持ち込んだ。

それは「クレド（信条）」と呼ばれる同社の社是だった。これを縮めたのがカルビー社員に示した「ビジョン」だ。企業が大事にすべきステークホルダー（利害関係者）の序列を⑴顧客と取引先　⑵従業員とその家族　⑶地球環境も含めた広い意味でのコミュニティー　⑷株主――と定めたのだ。

経営は難しくない。優先順位を明示し、間違えなければよい。基本は「世のため人のため」だ。良い製品をたくさん作ってどんどん売る。利益が膨らめば社員の所得は増え、国も豊かになる。

社員にビジョンとゴール示せ

決算書の上でもカルビーは再生した。だが、このまま日本で一介のスナック会社として終わるのか、海外に飛躍できるのかは、これから5、6年で決まる気がする。

コスト削減と成長戦略の両輪で、09年6月の会長就任時に200億円くらいあった借金を完済。11年3月には東証1部に株式を上場した。これは海外展開に必要な資金を調達するだけでなく、経営と所有の分離を貫くためにも欠かせないステップだった。

上場はさまざまな効果をもたらした。外部の目が厳しくなり、社員の法令順守の意識が上がった。女性や障がい者を積極的に雇用、従業員の多様化を進めた。社会貢献にも熱心に取り組んでいる。

こうしたカルビーの躍動感を続けるには、自分で判断し主体的に働ける社員を1人でも多く育てなければいけない。

そのために創業家出身の松尾雅彦相談役と一緒に続けている活動が「松塾」である。これは毎月1回、土曜日に2人で全国のどこかの営業所や工場に出向き、ディベートをする。契約社員でもパートタイマーでも参加できる。「働きがいとは何か」といった普遍的なテーマで意見をぶつけ合い、考えることや学ぶことが人生にとても重要だと参加者に再認識してもらうのが目的だ。

成長の持続には全社員が、やや大風呂敷とも思えるような夢を共有することが大事だ。私がいま社内でかけている号令は「われわれは日本のネスレになる」である。人口が少なく物価も高いスイスのネスレは地元に頼らないことで、世界最大規模の食品メーカーに成長した。人口減が止まらない日本に本拠を置く当社も工夫次第で世界に羽ばたけると信じている。

経営者に求められるのはビジョンとゴールを社員に示すことだ。この2つの英単語はいずれも「夢」という意味を含んでいる。諦めなければ夢は必ずかなうのだ。

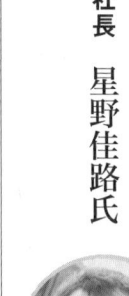

2

星野リゾート社長　星野佳路氏

Point

・所有と運営を分ける新ビジネスモデル
・常に現状とビジョンを比較
・社内でフラットな人間関係を維持

リゾート運営特化の新ビジネス

実家である軽井沢の老舗旅館、株式会社星野温泉の4代目社長に就いた翌年の1992年、経営ビジョンに「リゾート運営の達人になる」と掲げた。95年には社名を星野リゾートに変えたが、ビジョンはいまも同じだ。

87年のリゾート法（総合保養地域整備法）施行で危機感を強めた。開発や所有の機能より、運営の役割を担うことで生き残る戦略をとった。やがてバブル崩壊で市場は供給過剰になり、2000年ごろから運営力がリゾートや旅館事業のカギを握る時代に突入した。

01年に初めて外部のリゾート運営を手がけた。大手スーパーの子会社が経営していた山梨県のリゾートホテル（現リゾナーレ八ケ岳）を引き継いだのだ。約40％だった年平均の客室稼働率を約75％に引き上げた。この成功は、軽井沢の老舗旅館という会社のイメージを「日本のリゾート運営会社」に変えてくれた。

03年に福島県、04年に北海道のリゾートホテルの再生を請け負った。05年には米投資銀行ゴールドマン・サックス（GS）との間で、GSが温泉旅館を所有、星野リゾートが運営を担当するという提携が成立。所有と運営を分離する新しいビジネスモデルを築いた。

このモデルは他の施設にも適用。星野リゾートからは総支配人らが赴任する。施設は原則所有せず、オーナーや投資家から固定手数料と利益の一部を受け取る。当社が運営する施設は28カ所。11年11月期の取扱高は271億円にのぼる。

米系ホテルは80年代以降、所有と運営を分けて急成長した。この2つが一体の旧来型の旅館では担保の分しかお金を借りることができない。だが、分離すれば「運営には参画しないが日本の観光に投資する」というリスクマネーが流れ込む。

利益や顧客満足　目標高く

実家の旅館を継ぐ前、米コーネル大学ホテル経営大学院で学んだ。経営者の哲学、理念、行動を追求した。この頃から同族経営に疑問を持ち、リゾート運営機能に特化するという戦略も意識するようになった。

訪日外国人が日本ならではの体験を期待していることや、日本のホテルが自国の歴史や文化を表現しきれていない点に気がついた。海外からの訪問者に対してプライドを持てないリゾート施設は造らないと誓った。

91年の社長就任直後、100人いた社員の3分の1が辞めた。ビジョン実現に向け食事や接客などの社内改革にかじを切った際、急な変化になじめない人もいたからだ。でも、ビジョンを共有できない人は早く船から下りた方がよい。

いくら立派なビジョンでもスタッフが日常の業務で意識できないと意味はない。数年かけ「リゾート運営の達人になる」というビジョンに見合う高めの数値目標を設けた。それが(1)経常利益率20％　(2)7段階で測る顧客満足度2・50　(3)（生態系保

星野リゾートの取扱高

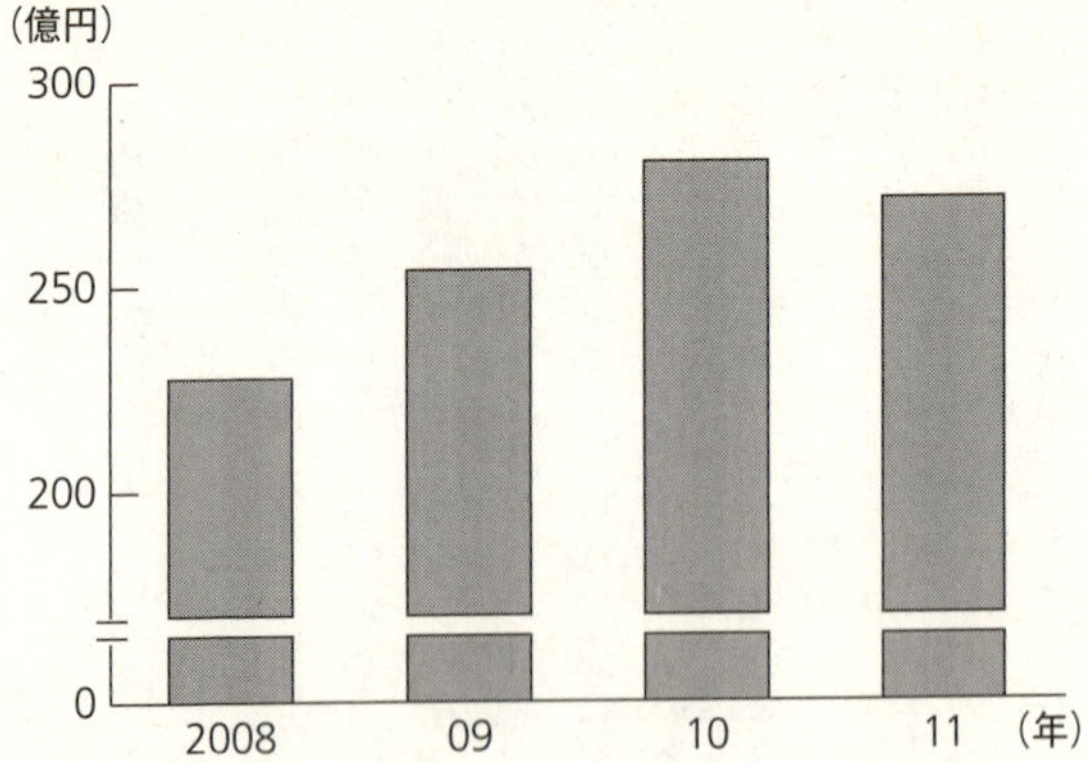

（出所）　星野リゾート資料（連結ベース）（11月期）

全の）エコロジカルポイント24・3——という3項目の同時達成だ。

利益率が20％に達すれば世界中の投資家が運営を頼んでくる。業界の常識よりも高いからだ。2・50の顧客満足度を得るには、各施設で利用者の50％に最高位3・0の「非常に満足」と評価してもらう必要がある。環境負荷はこの分野で知られる民間非営利団体（NPO）の評価法に基づく。

目標を同時達成した施設はまだない。常に現状とビジョンを比べ、その差を社員が各自で把握できることが重要だ。

地域特有の魅力で旅を演出

　世界に通用する高級リゾート「星のや」（3カ所150室）、上質で洗練された温泉旅館「界」（6カ所159室）、ファミリーリゾートの「リゾナーレ」（4カ所608室）の3ブランドの他、独立した多くの温泉旅館・リゾートホテル（1918室）の運営を手掛けている。こだわるのは地域ならではの魅力だ。界ブランドの場合、「ご当地楽《がく》」と呼ぶ。

　例えば「界　津軽」（青森県大鰐町）は10年に運営を受託した高級旅館だ。津軽弁を話すスタッフが津軽三味線を披露する。日本人が聴けば自分の文化だと感動してくれる。海外の人が聴けばこれこそ日本の文化だと感じてくれる。

　老舗高級旅館「蓬莱《ほうらい》」（静岡県熱海市）を引き継ぎ、改装工事を終えて12年9月に「界　熱海」としてリニューアルオープンした。ここのご当地楽では日本一ともいわれる芸妓《げいぎ》文化を若い女性にも楽しんでもらえる。海の景色、吹き抜ける風が魅力の立地を生かし、全く新しい「湯上がりどころ」も造った。

　他の「界」でも地域の魅力を経験してもらえるよう演出している。おいしい料理とすてきな部屋はどのホテルや旅館もそろえる。星野リゾートの運営では、地域特有のサービスを通じていろいろな場所に旅する楽しさを提供したい。地域の特色を宿泊客に魅力と感じてもらえるまで磨けば、スタッフが誇りを持てるし、仕事も楽しくなる。

地域独自の魅力を表現するのは簡単ではない。郷土史から引っ張り出してきたり、地元の人たちと協力して食材を調達したりと苦労は絶えない。それでも地域、産物、文化、音楽にプライドを持つプロセスこそが観光を面白くする。

歴史ある旅館を「界」に変えることには批判もあった。だが温泉旅館の価値を維持するため、スケールメリットを生かした集客は必要だ。「界」は12年内に9施設に増える。

人事管理に社員自ら参画

星野リゾートは本社を地方（長野県軽井沢町）に置き、全国で地方旅館やリゾートホテルを運営している。約2900人の従業員からアルバイトなどを除いた正社員約1600人のうち、地方勤務は約1500人にのぼる。地方から地方への異動も珍しくない。

「星野リゾート　青森屋」(青森県三沢市)を訪れた星野社長㊨

それだけに優秀な人材の確保は大仕事だ。そのためにも、規模が大きくなっても、軽井沢だけで運営していた時のフラットな人間関係を持つ組織文化を維持したい。

管理職は立候補制にしている。学歴、職歴、性別に関係なく、なりたい人に手を挙げてもらう。会社だけが人事を管理するのではなく、各個人も自らのキャリア管理に参画するのが理想だ。

管理職から降りるのも自由だ。給料は役職や貢献度の変化に合わせて上下する。社内ではこうした動きを昇格とか降格とか言わず、発散と充電と呼んでいる。社員は子育てや勉強など、仕事以外のことの優先順位を高くしたいときもある。多様な価値観や人生の中での優先順位の変化に対応できる会社にしたい。従業員は正社員、パートタイマー、アルバイトの身分に関係なく、必要な議論に参加できるようにする。全員がメールアドレスを持ち、情報の流れに垣根を設けず、言いたいことを言いたい人に言える組織文化を築くことが必要だ。

13年の新卒採用からは秋入社を選べるようにする。超繁忙期の直前に大量に新入社員が入ってくる問題を解消できる利点もあるが、卒業後の半年、自分のために時間を使いたいという新卒側の希望も多い。

「おもてなしの心」で海外進出

日本では温泉旅館やリゾートホテルが供給過剰で、新規開発より稼働しない施設を運営するニーズの方が大きい。一方で、規模が大きく事業経験も豊富な外資が沖縄や京都などの名所で相次ぎ運営事業に乗り出している。

スケールメリットをマーケティングや運営の生産性に生かせるよう、国内の部屋数で負けるわけにはいかない。上質な温泉旅館ブランド「界」でいえば、30室前後の客室を持つ施設を全国で30カ所程度運営したい。これで部屋数はいまの5倍以上の

900室前後に増え、外資の運営会社に対抗できる。

運営を受託するのは業績改善が必要な温泉旅館やリゾートホテルだけではない。優良旅館でもいかに現状より改善するかを提案し、運営を任されるケースが増えてきた。「星野リゾート」のブランドは少しずつ浸透している。グループの施設を何度も利用するリピーターが顧客全体の10％くらいに増えてきた。最高級の「星のや　軽井沢」の客室稼働率は年平均で80％を超えてきている。

こうした実績を見て、海外のリゾート開発会社や投資家からの相談も増えてきた。海外でのリゾートホテルの運営は未体験だが、いくつかの魅力的な案件を検討しているところだ。

海外の主要都市では多くの日本車が走り、すし店もたくさんあるのに、目立つホテルは欧米系ばかりだ。日本人といえば礼儀正しく、最高のおもてなし文化を持つといわれているのに、とてもくやしい。

海外に日本の「おもてなしの心」をベースにした独自の仕組みを輸出していきたい。日本文化のホスピタリティーの実力を海外に伝えることができれば、訪日外国人客が増える期待感も高まる。「私の次の世代では『星のや　サンフランシスコ』くらいは見事に運営してみせないとダメだ」。若い社員にはそうハッパをかけている。

3 日本マクドナルドホールディングス社長 原田泳幸氏

Point
・品質（Q）、接客（S）、清潔さ（C）を徹底
・会社を長く支えるヒット商品を見極める
・行動する前に「できない」とあきらめない

値上げ6度、価値高めV字回復

日本マクドナルドの1店当たり売上高は2011年12月期まで8期連続で前期を上回った。最終損益は同期まで8期連続の黒字。V字回復といってよい。同社を傘下に置く日本マクドナルドホールディングス（HD）の副会長兼最高経営責任者（CEO）に就いた04年3月からの改革が軌道に乗った結果だ。いまも第一線で戦っている。

前経営陣から引き継ぐ直前の03年12月期までは7期連続で1店舗売上高が前期を下回り、同期まで2期連続で最終損益が赤字だった。この日本最大級の外食チェーンはじり貧の状態だった。

不振の主因は「増え過ぎた店舗同士による客の奪い合い」と聞いていた。だが、改めて分析すると他の原因に気づいた。「快適な空間で手軽においしいハンバーガーが食べられる」というマクドナルドらしさを失っていたのだ。再建の軸はこの原点への回帰だった。

ＣＥＯとして会社に乗り込むとすぐ、グループの全社員に「いまから新しいバスが出発する」と宣言した。社内の組織、役員の人選もゼロから見直したため、急な変化に対応できず、去っていく社員も多かった。だが、就任1年目の04年12月期で最終損益を黒字転換させたことで、社内の不協和音は聞こえなくなった。

前職は米アップルコンピュータ（現アップル）の日本法人社長で、やはり〝マック〟を扱っていた。30年以上をＩＴ業界で過ごし、飲食業は畑違い。新鮮な目で課題を見つめたからこそ変革を実現できた。

業績回復の過程で値下げはない。逆に値上げは6度ある。提供する価値（バリュー）を高めた対価だ。05年に始めたホットアップルパイなど均一価格メニュー「１００円マック」を含め、常にバリューを示してきた。

ビッグマック主力に基本徹底

日本マクドナルドの再建に携わる前、門外漢なりに飲食業の基本を学んだ。必要だと考えたのが「QSC」の徹底だ。品質（クオリティー）、接客（サービス）、清潔さ（クレンリネス）の英単語3つの頭文字だ。グループの全社員に「当面はQSCという基本以外に何もするな」と伝えた。

CEOとして最初の決算だった04年12月期はQSCを徹底させるだけで最終損益が黒字を回復した。当たり前のことをするのが意外と難しい。

会社を長く支えてきたヒット商品を「キャッシュカウ」（お金を産む牛）と呼ぶ。何がキャッシュカウなのかを見極め、それを育てることが業績回復の基盤になる。

日本マクドナルドのキャッシュカウはもちろんハンバーガーだ。特に2枚のパテ（ハンバーグ）を3枚のバンズ（丸形のパン）で挟んだ大型の「ビッグマック」は宣伝に力を入れなくても着実に利益を生み出す優秀なキャッシュカウである。

新規事業は本業の伸びにつながらないといけない。例えば08年に普通のコーヒーよりも香り高くコクのある「プレミアムローストコーヒー」を発売すると、これ目当ての客が増え、一緒に食べるビッグマックも売れた。

09年にはビッグマックよりもボリュームの大きなハンバーガー「クォーターパウンダー」を売り出した。すでに米国にあったメニューで、日本でも過去に食べ応えのある商品が売れたこともありヒットすると確信した。発売するとビッグマックの販売も上向いた。新たな客がビッグマックの魅力に気づいたのだ。

私は社員に「客へのリサーチを基に新メニューは企画するな」と命じている。消費者に聞くと低カロリーメニューを求める声が多いが、実際に売れる商品は違う。体形を気にするはずの若い女性も、店頭ではクォーターパウンダーのようなボリューム満点のメニューをほお張っている。

携帯ゲーム機で効率研修

外食産業は人材が最大の資産。続いて商品、店舗の順で重要だ。これを間違えると大変なことになる。低迷期の当社は人材育成よりも店舗拡大を優先してしまった。

良い人材を採用するには賃金を上げるだけでは足りない。働くことにプライドが持

日本マクドナルドの1店当たり売上高

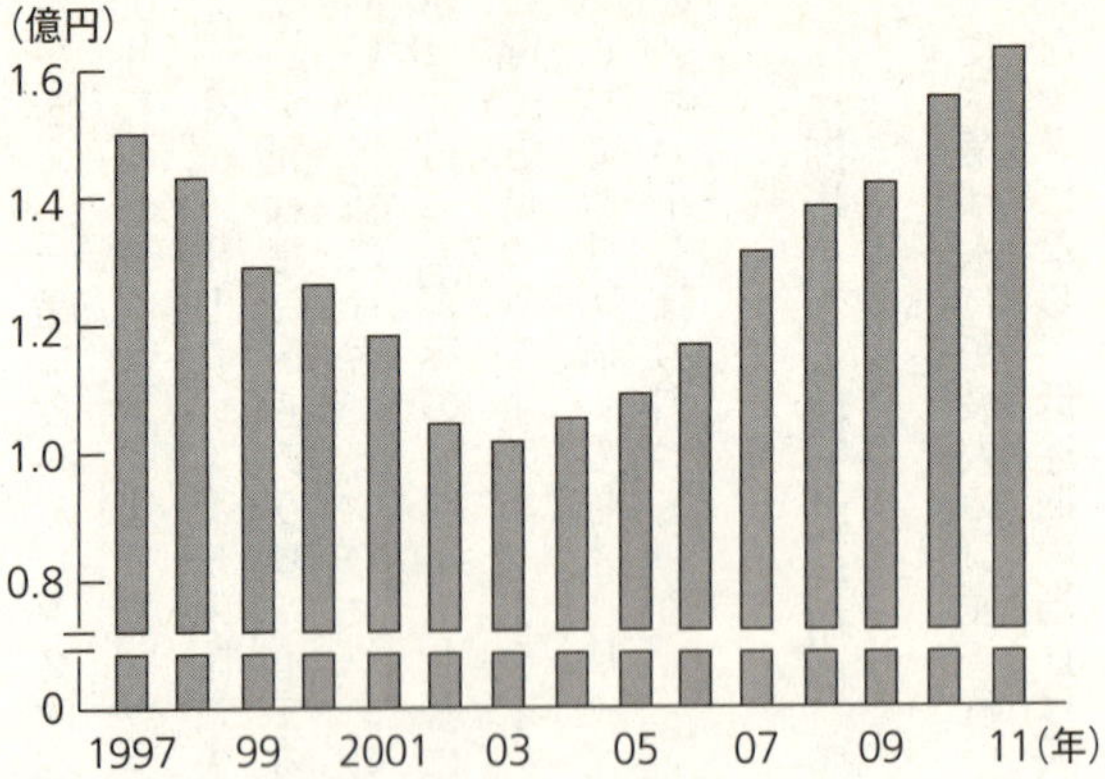

(出所)　日本マクドナルド決算資料(連結ベース)(12月期)

てるようにしなければならない。従業員の満足度が上がれば離職率は下がる。するとサービスの質が向上して顧客満足度が上がり、業績も上向く。客だけでなく従業員にも優しい企業を目指すべきだ。

それには店長の力量を高める必要がある。それ次第で離職率や売上高が大きく変動する。そこで10年に導入したのが「インセンティブ・プログラム」と名付けた独自の成果報酬制度だ。

店舗売上高や覆面調査員の評価により報酬が変動する仕組み。年収で大きな差がつくこともある。店長が何をすべきかを主体的に考え、スタッフと共に成長できる。

店長やその下のマネジャークラスの従

業員は日本マクドナルドの本社内にある「ハンバーガー大学」という教育施設で店舗運営を学べる。他のスタッフの教育にも投資を続けている。09年には携帯ゲーム機「ニンテンドーＤＳ」を使った研修システムを導入した。

タッチパネル式の操作画面を通じ、実際に店舗での作業を学ぶことができる。例えばフライドポテトの調理を疑似体験することで、どの機器をどの順番で操作するかを学べる。理解度の採点機能で高得点を得るまでは店に立てない。若い人には身近なゲーム機なので効率は高く、研修期間を大幅に短縮できている。

全店で作りたてを提供

ＣＥＯに就いた04年当時、すでに店舗では注文を受けてからハンバーガーなどを調理する新システムの導入を進めていた。作り置きをやめることで売らずに廃棄する商品を減らし、客が喜ぶ作りたてを提供できる優れた仕組みだと思った。

その時点で全国に約４千店あったが、新システムを使っていた店は半分以下。全店に普及させるにはさらに３年半かかる計画だったが、それを半年に縮めさせた。

現場は「絶対に無理」と悲鳴を上げた。だが、ふたを開けてみれば、期待通りに半

店頭で接客する原田氏（2004年3月、東京・新宿）

年でほぼ全店への導入を達成した。

「機械の調達が間に合わない」と報告してきた社員に「私が直接かけ合ってやる」と答えたことがある。驚いた社員は私の申し出を断り、期限に間に合うように交渉をまとめてきた。不可能と考えた計画を実現したことで社員は「やればできる」と実感したはずだ。

私は行動を起こす前に「できない」とあきらめることが大嫌いだ。06年に初めて24時間営業の店舗を展開したときも、社内で反対の声が上がることを予測、そうなる前に独断で発表した。当時は幹部社員にもマクドナルドの深夜営業でどれだけの利益をあげられるか懐疑的な見方が多かった。しかし、ライフスタイルの多様化などを根拠に成功させる自信はあった。

24時間営業は全国の約20店で始め、11年末には約１８００店に増えた。全店の半分強に当たる。いつでもどこでもおいしいハンバーガーが食べられる便利さを提供した。こうして新たな価値を生み出している。

オーナー半減で店舗を効率化

会社は成長を続けなければならない。これまでは「当たり前のこと」をするだけで業績が伸びたが、今後はしっかりと頭を使い、戦略を立てなければしくじってしまう。12年前半（1～6月期）は既存店売上高が前年同期を下回るなど苦戦した。短期的に業績を上向かせるための施策も大切だが、先を見据えた投資も歯を食いしばって続ける必要がある。

次の成長戦略の基盤にすえるのがフランチャイズ改革だ。全国約３３００店のマクドナルドの大半は日本マクドナルドとフランチャイズ契約を結ぶ法人や個人のオーナーが保有する。オーナーはかつて約４００人いたが、11年末時点で２００人程度に減らした。

今後は店舗に積極投資をする考えだ。この方針に賛同してくれるオーナーには残ってほしい。1人のオーナーに従来より多くの店舗を運営してもらうので、経営や投資の効率を上げることができる。小規模な店は統廃合して大型店を増やす。

その後は店の規模の大きさを生かす戦略を実行する。具体策の1つが12年7月に東京の原宿表参道店など一部の大型店で始めた本格的なカフェコーナー「マックカフェバイ　バリスタ」だ。

ハンバーガーのカウンターとは別に、コーヒー専門の店員がいるカフェカウンターを設ける。ショーウインドーにはケーキも並び、カフェラテなど本格的なメニューを他のチェーン店より割安に楽しめる。新たな客を呼び込み、書き入れ時のランチタイムを過ぎた時間帯で増収を目指す。

これと並行し、拡大する中食《なかしょく》需要を取り込むため、宅配サービスをする店を増やす。雨の日や、オリンピックなど人気イベントのテレビ中継がある日は店舗売上高が落ちることが多いが、その分を補うこともできる。店の稼働率を高めると同時に、客の利便性を向上させる工夫でもある。

読み解く

一橋大学教授　楠木建氏

Point

- 主体は投資でなく経営
- 戦略の本質は「組み合わせ」でなく「順列」
- 平時から経営人材を見極め、登用を

未来は自らの意志でつくるもの

業績回復につながる事業再生というと不振の事業を安く買いたたいて手に入れ、人員削減をはじめとする大幅な合理化などで立て直し、売り払う投資ファンドを思い浮かべる向きが多いかもしれない。しかし、事業への「投資」と「経営」の間には大きな違いがある。

投資は「こうなるだろう」と先を見通す行為だ。未来を予測し素早く機会をとらえる。しかも〝見切り千両〟だ。好機を捉え売却し利益を得る。必ず終わりがある。一方、経営は「こうしよう」という意志の問題だ。未来は予測するものではなく自らつくるものだと考える。そして経営に終わりはない。

今回の「業績回復に挑む」の章で登場したカルビー、星野リゾート、日本マクドナルドホールディングス（ＨＤ）の3社の事例はそれぞれに優れた経営を示す。わかりやすいのは星野リゾートだ。投資（所有）と経営の明確な分離がある。投資家から資金提供を受け、ホテルや旅館を所有せず、運営力を武器に再生する。「リゾート運営の達人」を目指す星野佳路氏は経営者で、破綻施設を安値で買い取る〝再生屋〟ではない。

やや物騒だが、戦争に例えて考えてみる。投資は空からの攻撃で、経営が地上戦だ。緒戦は空軍の物量による作戦が必要だが、それだけで勝負はつかない。空からの支援を受けるにしても地上戦を展開する必要がある。

投資だけでは業績回復を実現できない。あくまで主体は経営だ。経営は簡単な仕事ではない。厳しい競争に勝ち抜き、マイナスの場合でもプラスにしなければならない。それだけに業績回復に挑む事例では経営と戦略の本質が問われる。

この項では、戦略論の視点から業績回復の経営の本質を考えてみたい。

戦略は利益求めるストーリー

事業再生や業績回復に「特別の戦略」があるわけではない。戦略の原理や原則は普遍にして不変だ。ただ業績回復のためには平時以上に原理原則が重みを増す。大切なことは次の3点だ。

第1点は戦略の目的が「長期利益」だということ。競争があるなかで長期利益を獲得する。その手段が戦略だ。第2点は競合他社との「違い」をつくることに戦略の本質があるということ。第3点として、戦略は「ストーリー」になっていなければいけないということ。個別の決定や施策をバラバラに打ち出すだけでは戦略にならない。そうした構成要素を骨太の因果論理でつなげたストーリーが戦略である。

カルビーはスナック最大手だが、売上高営業利益率は2008年3月期で1・8％の低さに甘んじていた。企業の経営指標は市場占有率、株価など数多いが、同社の松本晃会長CEOは利益を最も重視した。

業績が低迷しゴールがあいまいになると明確な戦略が描けなくなる。あれもこれもと気になると、どれも達成できない。松本会長が言うように、まずは良い製品をどんどん売って利益をあげることが大事だ。利益が増えれば社員の所得は増え、国の税収も膨らむ。これが経営の王道だ。

競合他社との違いがなければ経済学の想定する完全競争になる。余剰利潤はゼロだ。競争がある以上、他社との違いがなければ利益が出ないのは必然だ。裏を返せば業績が低迷する企業の経営はこの原理原則から逸脱している場合が多い。

長期にわたって利益をあげるには他社との持続可能な違いをつくらなければならない。宿泊業なら、おいしい料理やすてきな部屋を用意するだけでは戦略にならない。どこでもそれなりの水準にあるからだ。だから星野リゾートの星野佳路社長は「ご当地楽《がく》」を突き詰め、地域ごとのサービスで差別化する。

戦略づくりに「順列の思考」

業績不振に追い込まれると、苦境を一挙に打開する〝ウルトラC〟が欲しくなる。しかし現実の競争で一点突破の必殺技は存在しない。そんなにうまい手があったら、とっくに問題は解決しているはずだ。仮にあっても高くつく。業績が悪化して体力が

ストーリーの戦略的思考

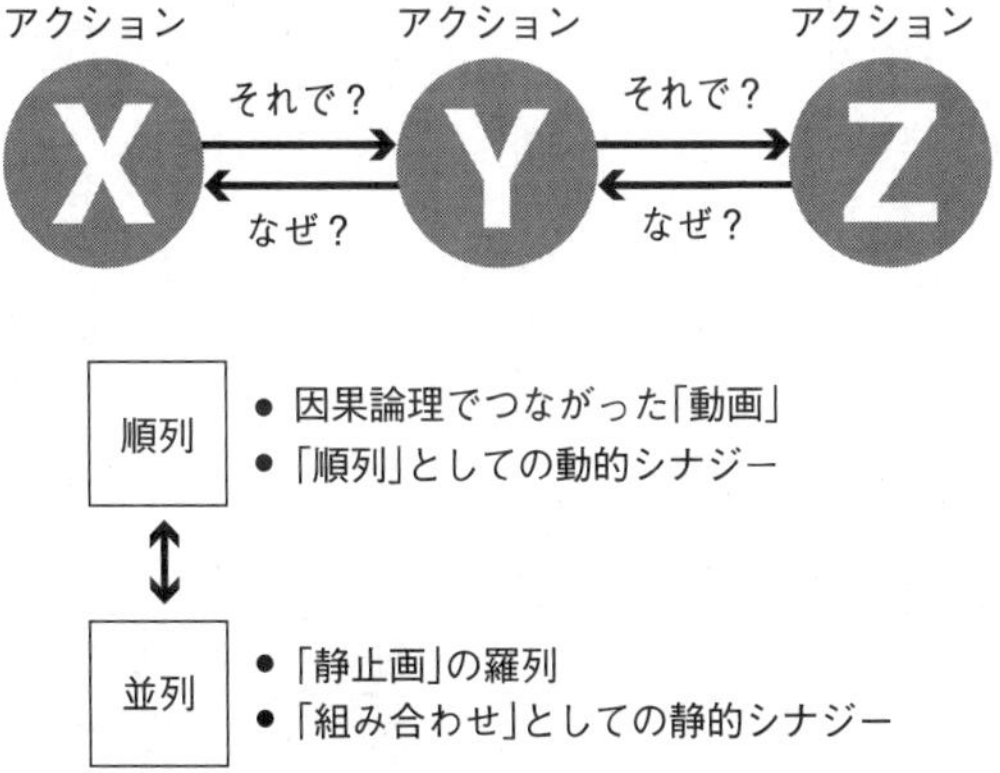

落ちている状態では手が出せない。

業績回復を目指す経営にとって、個別の手段がそれぞれつながる1つのストーリーになっていることが、平時にも増して重要な意味を持つ。「つながり」は因果論理を意味する。さまざまなアクションを箇条書きのように並べるだけでは、戦略が「静止画の羅列」に堕する。

戦略をストーリーとして構想するには「順列の思考」が求められる。例えば、あるアクションXをとる。するとYという手段が可能になる。YができるとZが選択肢に加わり、それがP（利益）をもたらす。このように個別の手段を「それで？」（逆から言えば「なぜ？」）という問いに対する答えでつなげる。そして戦略は「動画」

になる。これがストーリーだ。

ストーリーには時間軸がある。アクションを起こす順番が戦略のカギを握る。数学の「順列・組み合わせ」を思い出してほしい。組み合わせには時間軸がなく「A＋B」と「B＋A」は同じだ。だが順列「A↓B」と「B↓A」では意味がまるで違う。並列思考ではせいぜい「組み合わせ」にしか目が向かない。戦略の本質は「順列」にある。手持ちの要素の数が同じであれば、組み合わせより順列の方がずっとバリエーションが多い。ここに差別化の可能性があり、戦略の妙味がある。

個別の要素を一貫させる

プロ野球の投手の例で考える。手持ちの球種はストレート、カーブ、シュートの3つだけ。ストレートのスピードも時速140キロメートル程度。普通に投げれば容易に打ち込まれる。どうするか。

監督（経営者）に順列の思考がなければ戦略の焦点は個別の構成要素に向く。球速を150キロメートルに上げろ、漫画「巨人の星」の主人公のように大リーグボール養成ギプスをはめて消える魔球を身につけろ、というようなむちゃな注文になる。投手は肩を壊すだろう。

戦略には時間軸を持つストーリーが必要だ。例えば、打者に対し、1球目に内角をえぐるシュート。2球目は外角に流れるスローカーブ。3球目に内角ぎりぎりのストレート。剛速球や魔球は使わず、正面から順列で勝負する。戦略をストーリーとして組み立てるというのはそういうことだ。

原田泳幸氏が日本マクドナルドHDのCEOに就く前、傘下の日本マクドナルドは03年12月期まで2期連続で最終損益が赤字だった。原田氏が業績回復のためにとったアクションは当たり前のことばかり。新メニューの「クォーターパウンダー」も米国生まれで、同社のオリジナルではない。

当たり前のことを当たり前にやるしかない。特に事業再生の局面ではそれが大切になる。それができていなかったから業績不振に陥ったのだ。だが戦略がストーリーになっていないと、それがなかなかできない。当たり前のことでも、一度に全部はできないからだ。

一つ一つは当たり前のことでも、それぞれの間には二律背反のトレードオフがある。時間展開の中でトレードオフを克服することがストーリーという戦略思考の本領だ。

原田氏のすごさは、個別のアクションではなく、そのシークエンス（順序）にある。

個別の要素を一貫したストーリーへとつなげる論理の強さと太さが抜群なのだ。

矛盾克服が戦略の真骨頂

原田泳幸氏は日本マクドナルドHDのCEOに就いた翌年の05年、ホットアップルパイなどの「100円マック」メニューを導入した。「デフレをとらえた大胆な戦略」「価格競争で利益を圧迫」など賛否両論を招いた。だがいずれも素人談義だった。100円という値付けは一要素にすぎない。背後には練り上げられた戦略ストーリーがあった。全体を見なければ原田氏の戦略の真価は見えない。

不採算店舗の閉鎖を凍結し、まずQSC（品質・サービス・清潔さ）の基本に専念した。作りたてのメニューを提供できる新システムを全店に設けた。そこで100円メニューを取り入れ、直後は客単価が下がった。

マスコミは「原田体制、早くも踊り場か」と書き立てた。しかし100円メニューの目的は、前経営陣の時に離れた客を呼び戻すことだった。

QSCがうまくいけば新たな客も定着する。こうした固定客をつかんだ上で、クォーターパウンダーやプレミアムローストコーヒーという新商品を提案。最後は客を主力商品であるビッグマックに誘導し、確実にもうける。体力がついたら特別損失を計上して一気に不採算店舗を閉鎖し、負の遺産を一掃する。

個別のアクションの成否は戦略のストーリー全体の中でしか判断できない。ストーリーの戦略思考からすれば、そもそも「ベストプラクティス」（最良の実践例）などというものはあり得ない。

戦略ストーリーが描いた手順を踏む中で、日本マクドナルドの価値が客に認知されていった。値上げも6回し、客数と客単価がともに伸びた。こうした動画的な戦略をとらず、静止画的に考えれば、客数と客単価は二律背反のトレードオフだ。客数を増やすには値下げが有効だが、単価は低下する。だが、そもそも経営とは矛盾の克服だ。戦略ストーリーの真骨頂もそこにある。

商売を丸ごと動かせる人材を

戦略ストーリーの構築は経営者の仕事だ。経営者は「担当者」ではない。担当がないのが経営者だ。「商売を丸ごとすべて動かせる（と思える）人」でないと戦略は構想できない。

「代表取締役の担当業務を粛々とやっています」では「代表取締役担当者」にすぎない。こういう人から戦略ストーリーは生まれない。

戦略ストーリーは異なる要素と要素をつなぐ因果論理で描かれる。戦略構想の土台はシンセシス（総合）だ。日本マクドナルドHDの原田泳幸社長は顧客調査を絶対視せず「リサーチで企画するな」と強調する。このように総合的な判断は経営者にしかできない。単なるアナリシス（分析）ならば経営企画部門でできる仕事だ。

経営は「こうしよう」という未来への意志にかかっている。事業再生においてはこのことがとりわけ重い意味を持つ。イメージできないことは実行も不可能なためだ。何が人々に未来への意志をイメージさせるのか。利益目標などの「数字」を示すだけでは不十分だ。

会社が業績不振にあえぎ、社員は不安でいっぱいだ――。そのなかで「こうしよう」というストーリーを会社の内外に明示するのが経営者の役割である。

売上高など業績評価の指標を追うことも大事だが、先行するストーリーがなければいけない。数字よりも「筋」、「見える化」よりも「話せる化」が求められる。

問題はそうした能力と胆力のある経営人材がどこにいるかだ。発掘は極めて難しい。人事部がコンピテンシー（成果をあげるための行動・思考特性）を測定して選ぶわけにはいかないのだ。

リーダーだけでは業績を回復できない。だが戦略ストーリーを構想できるリーダーがいなければ何も始まらない。平時から経営人材の見極めと登用ができているかどうかが再生のカギを握る。

第Ⅱ章　ＩＴでニーズを掘る

1

サイバーエージェント社長　藤田晋氏

Point

・事業の継続と撤退の基準を明確化
・2番手以下のサービスは使われない
・人材を長い目で育てる

不採算事業の早期撤退へ内規

1998年創業のサイバーエージェントは2000年3月、株式を東証マザーズに上場した。その後も成長を続けている。11年9月期（連結ベース）の売上高は前期比24％増の1195億円で、純利益は同33％増の73億2千万円に達した。

これまでずっと、同じビジネスが収益の核だったわけではない。設立当初はインターネット広告の代理店業が会社の屋台骨を支えていたが、いまはブログ、ポータルサイト、ソーシャルゲームなどでの課金が稼ぎ頭だ。

ネットサービスは変化が速く、次々と新しいゲームやウェブサイトを作らないと生き残れない。当社は年100以上のサービスを立ち上げ、需要のあるものを伸ばす戦略をとっている。重要なのはスピード感だ。

09年に始めた交流サイトの「アメーバピグ」はネット上に自分の分身（アバター）を作り、実際の町を模した空間でチャットする内容が軸。これは、その前に話題になった仮想空間サービス「セカンドライフ」を若い女性向けに仕立て直したらどうなるか、という発想がもとになった。すぐに人気となったので機能をどんどん追加。いまでは柱の一つに育った。

なかなかうまくいかない事業もある。ダラダラ続けるとコストがかさむだけだ。そこで⑴開始から2年たっても黒字化しない⑵2四半期連続で前四半期比で減益――のいずれかに該当する事業は撤退を検討するというルールを定めた。比較的短期で勝負がつく。基準を明確にすれば、判断がブレず、事業の担当者もこれを受け入れやすい。

経営幹部は最新トレンドを肌で理解しないといけない。若手が斬新な提案をしてきたときに適切な判断を下すためだ。私も流行のネットサービスはすぐに試してみる。

アイデア生む仕組み整備

新たなサービスを次々と生み出すには、多くのアイデアが必要だ。それは多くの人の頭にあるのかもしれないが、待っていれば自然と湧き出てくるわけではない。社員が知恵を絞り出し、それを新事業につなげる仕組みが、IT業界では特に求められる。

その1つが12年2月から2回開いた「詰めきりセンター試験」だ。数人の社員で組むチームに、例えば「日本の文化に合った写真投稿サービスを考えなさい」といった問題を示し、それぞれ事業案を考えさせる。1泊2日で宿泊施設に缶詰め。チームが提出した回答は経営幹部が採点する。

優秀なアイデアを出したチームは表彰。さらに会社として、その事業案の具体化を目指す。10月に始めたサービス「友だち年鑑」はこの試みの中で生まれた。これはスマートフォン（高機能携帯電話＝スマホ）向けで、友人の写真を集めて自分だけの写真集を作ることができるサービスだ。詰めきりセンター試験は1回開くだけでいくつかの斬新な案が出てくるので効率が良いと感じている。

アイデアを表に出す工夫は他にも、全社員が参加できる事業プランのコンテスト「ジギョつく」、役員が中心になって新事業を考える「あした会議」などさまざまだ。

8月の「詰めきりセンター試験」
1位チームと藤田社長㊨

アイデアは単純なひらめきとしては頭の中から出てこない。訓練が必要だ。楽しい議論だけでは画期的な案は生まれない。試行錯誤を繰り返す「生みの苦しみ」を味わうことでセンスが磨かれる。「もう案は出し尽くした」と思っても、次の機会にはまた新しい考えが浮かぶから不思議だ。

ルールと自由をバランス

当社が運営する交流サイト「アメーバピグ」は12年4月、未成年をトラブルから防ぐため大幅な利用制限を実施した。例えば、15歳以下の利用者は軸となるメッセージの送受機能を使えなくした。未成年は課金ビジネスの相手になりにくく、増え過ぎると大人のユーザーが居心地が悪くなって逃げてしまう。

ネットの世界と現実の社会は必要以上に区別しない方がよいと思う。だが、ネットは匿名性が高いため、欲望をむき出しにする利用者が現実社会よりは目立つのは確かだ。薬物取引など犯罪につながる内容は徹底して排除しないと健全な利用者が寄りつかなくなる。

ネットサービスを提供する企業は高い倫理観でルール作りをしなければならない。

サイバーエージェントの売上高

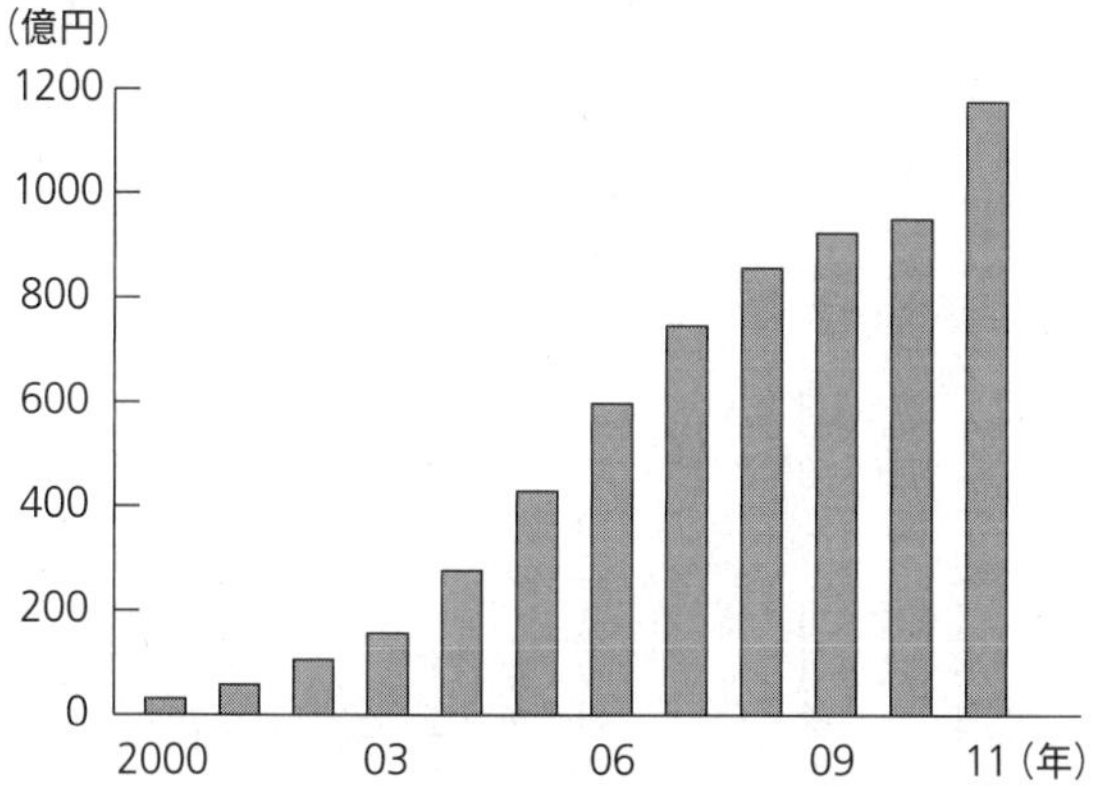

(注) 9月期、連結ベース

一方、ルールでがんじがらめになったサービスは利用者にとって魅力に乏しい。12年春に「コンプリート（コンプ）ガチャ」と呼ばれるネットゲームの仕組みが射幸心をあおるとして社会問題になった際、当社も倫理上の問題があると考えグループ内で全廃した。一方、これがなくなって「ネットゲームがつまらなくなった」と感じる利用者もいた。ルール作りと魅力維持のバランスが難しい。

ネットサービスの利用者の動きをしっかりと見極め、その時々で適切なルール作りをするしかないと思う。結果的にはいたちごっこになるかもしれないが、粘り強く努力すべきだ。当社は休みなしの24時間体制で社員らによる目視を通じ、ネットサービスにおける不正や不適切な利用の有無を監視している。それが社会への責任だと思う。

技術を重視し世界市場に挑む

インターネットサービスは競争が激しく優勝劣敗も明確だ。検索サイトのグーグル、交流サイトのフェイスブックはすさまじい勢いで世界に普及した。それぞれ同様な機能のサービスは他にもあるが、誰でも手軽に利用できるので、それぞれの分野で2番手以下のサービスを積極的に使う理由が見当たらないためだ。評判は口コミで広がるので、営業活動にも限界がある。

そんな中で当社がいま力を入れているのはスマートフォン(高機能携帯電話=スマホ)向けサービスの開発だ。利用者がスマホに接触している時間はパソコンを大きく上回り、通常の携帯電話よりもはるかに多様なサービスを提供できる。課題はスマホの機種ごとにスペック(仕様)が違うことで、その差を利用者に感じさせないサービスの開発には骨を折る。

例えば、(1)画面操作をした後は実際のサービスを使えるまでの待ち時間をどれだ

け減らせるか　(2)操作画面は使いやすい配置になっているかどうか――といった細かい部分に配慮するだけで利用者の反応はまったく違う。個人情報保護への関心も高く、強いセキュリティーを施すことも重要だ。

こうした地道な努力が奏功し、当社からも世界市場で通用するサービスが少しずつ生まれるようになった。最近では当社の子会社が開発したスマホ向け交流ゲーム「神撃のバハムート」が、米アップルの提供するソフト市場の売上高ランキングで一時、1位となった。

当社が最重要視するのは品質の高いネットサービスを生み出すための技術だ。世界市場でのシェアを広げるため、この技術は欠かせない。このごろでは執務時間の大半を技術者との打ち合わせなどにあてている。

技術者の採用にも力を入れ、いまでは社員の6割が何らかのサービス開発に携わっている。ネット広告代理店として創業した当時はゼロだったのだから、様変わりだ。

競争と再チャレンジで活性化

技術者（エンジニア）の採用はかつて、他社で成果を残した人材の中途採用が中心だった。だが08年に新卒採用を始め、いまでは新たに採用する技術者の半分以上が新卒だ。学生のうちに個人でインターネットサービスを開発、運営する人もいるなど、新卒のレベルが昔と比較にならないほど上がっている。

意外に思われるかもしれないが、技術者に限らず、当社の新卒採用は長期雇用が前提だ。株式上場からほどなく、株式市場のITバブルが崩壊すると、相次いで辞めていった。

人材派遣会社で働いた経験があり、大企業が優秀な人材を簡単に手放さないと知っている。例外を期待し中途採用も残しているが、能力の高い人材を多数集めるには新卒採用が手っ取り早い。

一方、即戦力でない新卒の教育には多額のコストがかかる。中途で退職されると大きな損害なので、これを防ぐ手立てをいくつか講じている。

大事なのは「会社はあなたたちを長い目で育てている」というメッセージの浸透だ。これは03年ごろから言い続け、社員の行動規範にも盛り込んでいる。長期勤続者には長期休暇や手厚い家賃補助を与える制度もあるが、あくまで副次的だ。

社員の失敗に寛容な姿勢も大切だ。「敗者にはセカンドチャンスを」を合言葉に、大きな失敗をした社員にも重職への道を閉ざさない。苦い教訓は必ず次の挑戦に生きると考えているからだ。

社員のやる気を高め、経営陣の緊張感を保つ仕組みもある。役員会は8人で構成するが、担当業務の業績次第で頻繁に入れ替わる。役員であり続けるには目の色を変えて成績をあげ続けなければならない。一方、席が空きやすいので、若手にも機会が回ってきやすい。

役員経験者を増やすことで人材の厚みを増す狙いもある。グループ会社の経営に携わる際、役員の経験は生きるはずだ。

2 ネットイヤーグループ社長　石黒不二代氏

Point
・ＩＴ業界は「選択と集中」にもスピード必要
・女性社員の職場復帰を強く促す
・常に新しい価値を創造

ネットマーケティングに賭ける

ネットイヤーグループはインターネット技術を活用したマーケティング支援や新規事業開発などを手がける会社だ。顧客は大企業を中心とした法人なので一般にはなじみが薄いかもしれない。私の履歴とともに会社の沿革を簡単に振り返る。

1994年に米スタンフォード大学を卒業すると、インターネットと本格的に関わるようになった。就職よりも起業を選び、米西海岸のシリコンバレーにコンサルティング会社を立ち上げた。

90年代半ばのシリコンバレーはネットビジネスの勃興期。多様な事業モデルとこれを提供する企業が次々と生まれた。こうした企業に着目する日本企業とのライセンス契約、提携、買収などを支援、顧客を増やした。

ネット検索サービスの米ヤフーが日本語版を始める際にもサポート。日本語検索エンジンが欲しいヤフーと、この技術を新聞社などに提供していた松下電器産業（現パナソニック）を仲介した。

いまのネットイヤーは93年、電通国際情報サービスの米国における一部門として活動を開始。97年にはシリコンバレーの現地法人となった。同社代表だった小池聡氏と共同でＭＢＯ（経営陣が参加する買収）に踏み切った。ＩＴビジネスの将来性は、リスクを抱えるのに十分なほど大きいと思った。

日本でもシリコンバレーから5年ほど遅れネットブームが起きていた。米国で得た知恵と経験を生かし、日本企業のＩＴ活用を底上げすれば商機につながると考えた。

そこで99年に設けた日本法人の商号を00年、ネットイヤーグループに変更した。私も日本に拠点を移し、小池氏と共に共同最高経営責任者（ＣＥＯ）に就任。コンサルティング部門で陣頭指揮を執った。

コンサルティングに特化

00年春、米国でＩＴ関連の株価が暴落するＩＴバブル崩壊が起きた。この現象は日本でも1年遅れで発生、投資家の目は厳しくなった。だが、ＩＴを利用する人は増えると事業の成長性を確信、営業を続けた。ビジネスの対象は企業に絞った。インターネットを使ったマーケティングが日本企業を変革できると思った。

創業期に手がけたのは三和銀行（現・三菱東京ＵＦＪ銀行）のウェブサイトのリニューアル。商品名を羅列していたサイトに「口座を開く」「お金をためる」などの入り口を設け、顧客目線で使い勝手の良いスタイルに改めた。これは銀行業界にモデルを提供した。

カジュアル衣料ブランド「ユニクロ」を展開するファーストリテイリングの電子商取引サイトの構築も受注した。画面上に51色のフリースを並べ、好みの色のフリースをクリックすると金額や品番、在庫の数が表示される仕組み。同ブランドの飛躍につながった。

ネットイヤーグループの売上高と社員数

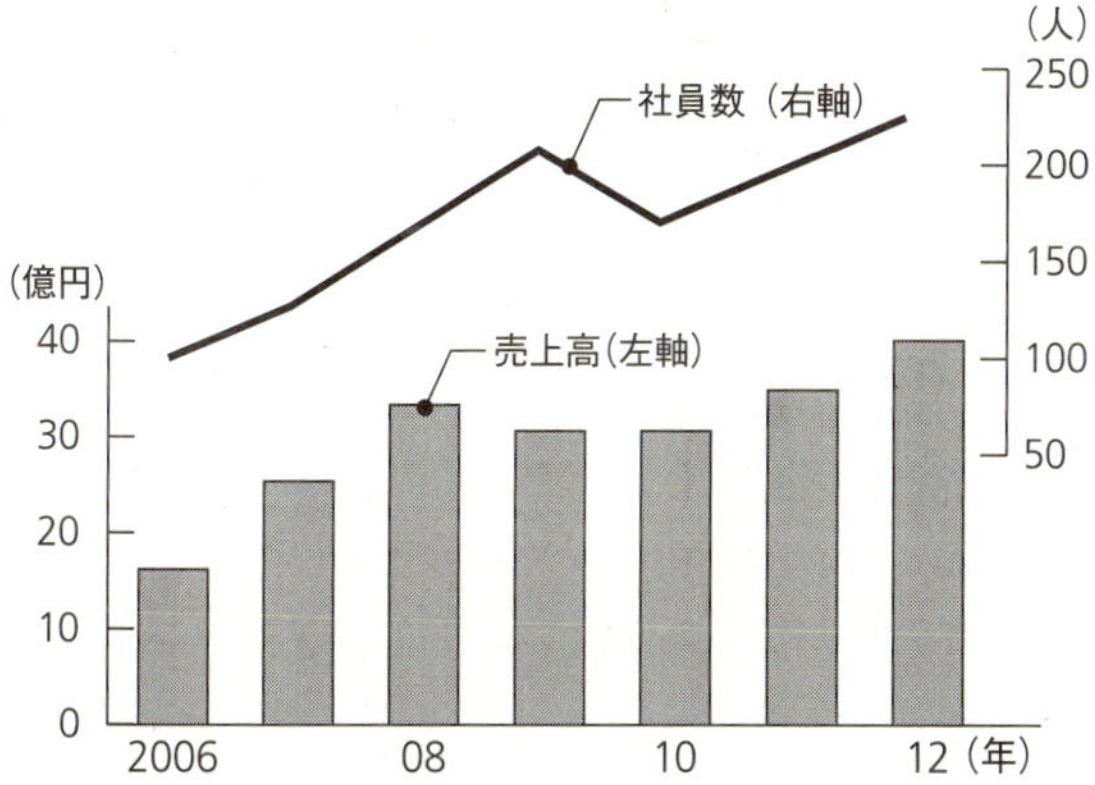

（注）3月期、連結ベース、社員数は期末

　こうしたコンサルティング部門が拡大する一方、ベンチャー企業を育てるインキュベーション事業はITバブル崩壊の直撃を受けた。変化が激しいIT業界では事業の「選択と集中」にもスピードが求められる。投資先行型のビジネスは不況時には勝ち目がないと判断、03年6月にはコンサルティング事業に特化すると決断した。

　これを機に、当時の共同CEOだった小池聡氏はインキュベーション事業の別会社に移り、成長させた。私はネットイヤーグループに残り、単独の社長兼CEOに就いた。

企業買収を進め業容拡大

コンサルティング業務に特化してから売り上げが拡大した。03年3月期の売上高（連結）は5億8000万円、05年3月期には10億5000万円、07年3月期は25億3000万円と〝倍々ゲーム〟で伸びた。並行して、業務の専門化にこたえる組織づくりが課題として浮上してきた。

06年9月にはウェブサイトの制作・運用に特化する子会社ネットイヤークラフトを設立。07年4月にはモバイル分野のサイト構築などを手がける子会社ネットイヤーム―ヴ（現ネットイヤーモビー）をつくった。子会社方式を採用したのは、業務の専門性へのニーズに加え、業務内容によって異なる報酬体系を確立する必要があったためだ。

もうひとつの業容拡大の手段が企業買収だ。事業展開には⑴単独路線を貫く⑵シナジー（相乗効果）が大きい分野で多角化を進める⑶全く違う事業部門に展開――の3つの方法がある。当社のグループはIT（情報技術）関連の本業を守りながら事業を多角化する道を歩み、必要に応じて企業買収を実行してきた。

06年、東京都渋谷区にあった当時の本社で働く石黒社長㊨

08年12月には交流サイトをはじめとするソーシャルメディアに関する国内のコンサルティング会社、トライバルメディアハウスの株式を取得し、子会社にした。同社は利用者の口コミを活用したマーケティング支援に強みを持っている。

ソーシャルメディアがITの主流になると見て先手を打ったのだ。実際に日本でも普及、企業にとって重要なツールになった。ネット上の口コミなどを活用した顧客対応を総合支援するサービスの拡充につながった。

多様な働き方認め人材確保

社会に出てすぐ米シリコンバレーでコンサルタント会社を起業して学んだのは「労働時間よ

りも時間当たりの生産性を重視する」という考え方だった。ネットイヤーの社員評価基準は結果を出すことに絞っている。どちらかというと成果より労働時間を重んじる傾向がいまだに強い日本で、古い体質に風穴を開けたいと考えている。

生産性向上には⑴努力した人が報われる組織づくり⑵ルールの中で公正な判断ができる環境整備⑶既成概念を打ち破る企業文化づくり――などが重要なポイントになる。

自分が働く女性として感じ、母親として苦労した問題も徹底的に解消したいと考えた。そのための職場環境の改善にも取り組んでいる。

その試みの一つが08年4月に導入した「ワークスタイル選択制度」である。育児や介護などで通常勤務が不可能になった社員が労働時間や勤務日数、職務などを変更、選択できるシステムだ。これを利用し、産後・育児休暇を取得している社員は12年9月末時点で女性社員の13％。豊富な経験を持つ女性社員は会社の財産で、職場復帰を強く促していきたい。

当社のグループを支えているのは多様な専門性を持つ人材だ。採用活動でも、プログラマー、プロジェクトマネジャーなどの職種ごとに条件を明示している。例えば、プロデューサーには、提案、交渉といった営業能力に加え、企画力、プロジェクトの設計力、デジタル領域の幅広い知識などを求める。多様な価値観とプロ意識を持つ人間が力を合わせ、さまざまなプロジェクトを完成させる組織づくりが目標だ。

技術革新のスピードが速いＩＴ業界は〝狩猟民族が住む世界〟である。「いまの自分は新しい価値を顧客に提供できているのか」「この提案は既成概念にとらわれていないだろうか」と自問自答し、常に新しい価値を創造する社員の集団をつくりたい。

ビッグデータが勝敗を分ける

ネットイヤーグループは08年3月、東証マザーズに株式を上場した。当社の創業期から証券会社から盛んに株式公開を勧められ、準備も始めていたが、業績に逆風が吹いた03年にいったんとりやめた。06年には株式公開準備を再開、短期間で上場した。

コンサルティング事業の快走が奏功したが、実態は時間と手間がかかる労働集約型のビジネスである。コンサルティングのノウハウを定型化した汎用アプリケーションソフトを開発し、資本集約型のビジネスも拡大させたいと考えていた。

対企業ビジネスで世界最大のＩＴプラットフォーム（基盤）を持つ米セールスフォース・ドットコムを最適なパートナーと見て提携を模索した。同社のプラットフォームではさまざまなアプリケーションソフトを動かせる。

数カ月間の交渉後、11年5月にセールスフォース社と資本・業務提携の契約を結んだ。同社のプラットフォームを活用して大企業から中小企業まで幅広く顧客管理ソフトなどを提供し、コンサルティング業務とアプリ販売の売上比率を将来は2分の1ずつにしたい。

今後、ITで勝敗を決するのは大量の顧客情報が眠るビッグデータへの対応だ。企業と顧客との接点をすべてデジタル化できる時代が来る。顧客の生の声がデジタル情報として企業に集まり、営業や販売などの効率を上げる。それを支援するサービスが求められる。

KDDIのコールセンターに、交流サイトなどソーシャルメディアで流れる情報を集める機能を追加したのも、ビッグデータ対応の一環だ。

近い将来、すべての人がスマホのようなデジタル機器と個人のアドレスを持つ。それを解析、マーケティングに活用できるプラットフォームをつくり、日本企業の利益率を高めることが当面の目標だ。

3

松井証券社長　松井道夫氏

Point
- 客が認めないコストで成り立つのは虚業
- 「捨てる決断」で競争力を向上
- 革新的な会社が質の高いサービス提供

自由化を先取り、ネット専業へ

「競争とは名ばかりで、利益は大きい。こんなビジネスがいつまでも続くわけがない」。一橋大学を卒業して入社した日本郵船を辞め、義父が社長を務めていた松井証券に加わると、およそ新米の証券マンらしくない感想が頭に浮かんだ。

当時はバブル経済ただ中の1987年。株価は毎日のように上がり、証券各社は潤っていた。「生き馬の目を抜く」と形容されていた証券業界だが、各社が競っていたのは大蔵省（現財務省）の保護下における株式などの販売や手数料収入の実績作り。いち早く自由化の洗礼を受けた海運業界から転身した私にとって、証券の世界の競争は〝架空〟にすぎなかった。

「客が認めないコストで成り立っているビジネスは虚業」と思った。90年に営業本部長として手腕を発揮できる立場になると営業部隊による顧客開拓をやめた。代わりに広告を出したうえでコールセンターで客からの電話による売買注文を待つシステムを築いた。

96年に株式の保護預かり手数料を無料化、97年には店頭株の売買委託手数料を半額に下げた。

客とはすべてインターネットを通じて取引する日本初のネット専業証券会社に転身したのは98年5月。投資家が証券会社に支払う株式の売買委託手数料が、「日本版ビッグバン」による金融規制緩和の一環として完全自由化される前年だった。

「風雲児」とも呼ばれたが、ネット活用の先駆けとしての評価は誇りに思わない。大事なのは、自由化に備えた改革に相次いで踏み切り、従来のやり方を捨てて新たなビジネスのコンセプトを構築したことだ。

各社の横並び体質がまん延し、停滞した証券業界に風穴を開ける道具として、ＩＴは格好だった。

営業マン全廃、取引は電話で

80年代後半のバブル経済絶頂期、転身したばかりの証券業界を冷めた目で見ていた。「いまにバチが当たるぞ」。当時の私は自他共に認める異端児だった。

90年の株価急落でバブルは崩壊、予感が的中した。証券会社はどこも坂道を転げ落ちるように業績が悪化した。そんな時期に社内の一部門として立ち上げたのが、電話で顧客の注文を受け付けるコールセンターだった。

そのころ、当社のような中小証券会社の収益の大半は歩合給の営業マンが稼いでいた。彼らの身分は契約社員で、客が払う株式売買委託手数料の4割が取り分だった。固定給で正社員の営業マンもいたが、実績をあげて一定数の固定客がつくと会社から独立、歩合制を選ぶ人が多かった。

人件費を固定費でなく変動費とみなせるのは歩合制の利点だが、同業他社と何ら変わらない営業手法では、いずれじり貧になると思った。これまでとは異なるコスト体系はないかと考え抜いた結果、「営業しない営業」というコンセプトにたどり着いた。90年以降に順次、営業部隊と支店を廃止、電話での売買注文を待つ受け身一辺倒の通信取引に一本化したのだ。

コールセンターのオペレーターは大半が女性だった。優秀な女性を採用するため、男性と同一の賃金体系をつくった。彼女らはめざましい活躍をした。「営業しない」と書いたが、新聞やテレビでの広告はサービスを告知する手段として積極的に活用した。私自身も〝歩く広告塔〟として全国各地で講演をこなした。

大正時代に創業した老舗の社風は一変した。通信取引への一本化は社内外で「素人経営」と冷笑され、多くの営業マンが固定客と一緒に同業他社に去った。だが、次第に「営業しないこと」を支持する客が増えてきた。一方で営業コストの大幅削減には成功して利益率は大幅に改善、業界の最高水準に達した。経営に自信を深めていった。

際限ない規模の拡大回避

インターネットとの出合いは95年、社長に就任してすぐ後のことだった。ネットに

松井証券の取引口座数

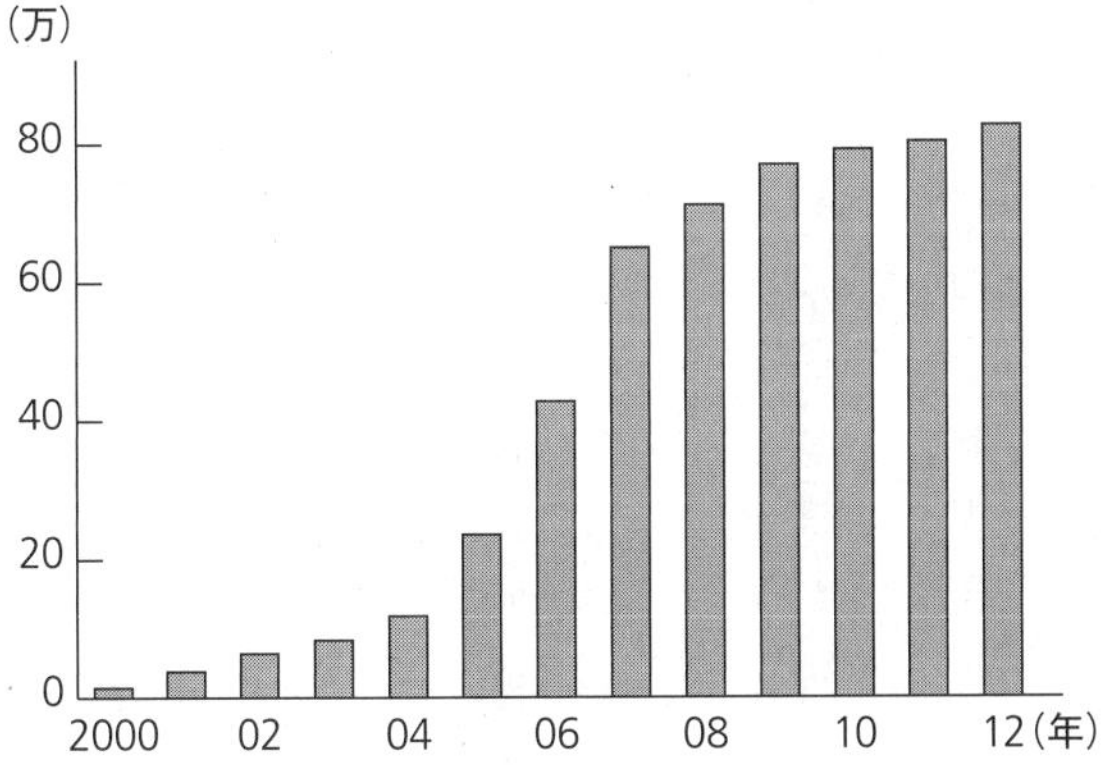

(注)各年1月末現在

詳しい技術者を弟に紹介してもらい研究を始めた。

96年には米国でネット株取引を始めたイー・トレードとの提携を探ったが、同社は証券に関心のない技術集団だと判断、断念した。その際、証券システムを専門とする優れた日本人技術者と出会った。システム開発会社を立ち上げた彼と二人三脚で、ネット株取引の独自の仕組みを開発する決意を固めた。

この会社の開発要員がピーク時に当時の松井証券の社員数を上回る130人以上に達するほど熱を入れたが、ほどなく円満に契約を解消した。機動性とコスト抑制のためには、完全に外部へ委託する方が優れていると気づいたからだ。それまでかけた多額の開発費は無駄になったが、将来のコスト管理を優先した。

98年にネット専業に転換した大きな理由もコスト抑制だった。その前にコールセンターで電話注文を受ける仕組みが成功したが、受注が伸びれば雇用するオペレーターも増やさないといけない。コンパクトな会社を維持しないと変化に素早く対応できないと考えていたので、際限のない規模拡大は許容できなかった。この悩みを解決したのがインターネットだった。

経営に携わるなかで外交営業、コールセンター営業、システムの独自開発を切り捨ててきた。それなりに機能している仕組みを取りやめるという判断は激しい反対にあった。最後は強引に実行したが、結果的に「捨てる」決断は正解で、競争力が飛躍的に高まった。

海運にならい定額手数料

社長に就いた翌年の96年、金融システムの大幅な規制緩和を含む「日本版ビッグバン」が始まった。99年10月には法定の株式売買委託手数料が完全自由化。これを受け当社が打ち出したのは新料金体系「ボックスレート」だった。

2004年に現社屋（東京都千代田区）へ移転した

取引ごとの手数料ではなく、1日ごとの定額制手数料である。日本の証券業界では初めての試みで、自由化前の3分の1という手数料水準は当時の業界標準となった。「ボックスレート」とは前に身を置いた海運業界の用語だ。海上運賃はかつて、積み荷のかさや重量で決まったが、コンテナ船が登場するとコンテナ1本当たりの料金が基準になった。これを参考にして、株式の売買委託手数料の新たな体系を考え出した。この仕組みで特許を取ればよかったといまも悔いている。

インターネットを通じた取引を含め、当社発のさまざまな仕組みは同業他社にまねされ、手数料の水準だけが注目されるようになった。

自由化前には株式の取引額に対し1%超あった売買委託手数料率はいま、最大でその100分の1程度に下がり、証券業界は過当競争である。

証券に先だち自由化が進んだ海運業界でも過当競争で運賃が下がったが、安さを前面に押し出す会社は自滅した。こうした会社は「市場占有率を高めれば生き残れる」と考えたようだが、コストを下げるためにサービスの質を落とした。その結果、十分に低下した価格よりもサービスの質に注目するようになった客に見放された。今後、証券業界でも同様なことが起きるだろう。

創造的破壊がサービス高める

客が求めるサービスの質とは何か。最新のシステム導入、豊富な品ぞろえ、コンプライアンス(法令順守)、財務面の高い信頼性などさまざまに思い浮かべるが、実はもっと本質的なものではないだろうか。客はイノベーティブ(革新的)な会社を質の高いサービスを提供する会社と見て、支持してくれると思う。

イノベーションとは常識を否定することから始まる。20世紀に活躍したオーストリアの経済学者シュンペーターはこれを「創造的破壊」と定義した。破壊が先で、後に創造が来る順番が大事だ。企業経営に当てはめると、経営者は、時代に沿わないと感じることがあれば、それを徹底的にそぎ落とすべきだということだと思う。こうして捨てたこととの裏側に隠されていた新たなヒントが現れることもある。

これこそがイノベーションの種である。創造的破壊が新たな常識を生み出し、明確な需要として具体化していく。前例を捨てず加えるだけの決断なら誰でもできる。経営者の使命とは、時代の変化を読み取り、虚業に変貌していったものを実業に転換する作業だ。すなわち真のリストラクチャリング（合理化）を企画、実行することである。捨てるコストは先送りすればするほど大きく膨らむため、機動的に取り組まなければならない。

証券業界が過当競争で株式売買委託手数料の引き下げが限界に近づいたいま、経営者として次に進むべき道を考えなければならない。はっきり言えることは、何かを捨てないと先が見えないということだ。おそらく、それは株式売買の取り次ぎ業務そのものではないかと予想している。

いずれにしろ、従来の枠組みを超えるサービスを打ち出せる会社が生き残る。そこで武器になるのは、専門性が裏打ちする知恵である。日本版ビッグバンから10年以上がたった。競争の第2ステージがこれから始まる。

読み解く

慶応義塾大学教授　国領二郎氏

Point
・情報はニーズを顕在化
・スピードと創造性で勝ることが重要
・経済に新陳代謝は不可欠

「情報」は経済社会の大半に影響

日本で商用のインターネットサービスが始まったのは1992年だ。2012年が20周年ということになる。携帯電話からインターネットにアクセスできるようになったのが99年だ。生まれた時にはすでにネットがあったという若者が増え、もはやネットそのものは新しくも珍しくもない存在だ。

それでもなおＩＴがイノベーションの原動力となっているのはなぜか。それは「情報」という生産要素が、エネルギーと同様に、経済社会活動の大半に関係しているからだ。情報の伝達や処理における機能やコストの大きな変化は組織構造のほとんどすべてに影響を与えるためでもある。

乱暴に一般化すると、情報は無駄や、いまだ発見されていないニーズを顕在化（可視化）させることで、効率化や高付加価値化の機会を与える。

こうした力がテコとなって、サプライチェーンの設計、企業統治、顧客との関係性などが新しい形に再編されていく。

各分野におけるイノベーションの在り方はさまざまだ。今回のシリーズにはＩＴ利用を共通項にサイバーエージェントの藤田晋社長、ネットトイヤーグループの石黒不二代社長、松井証券の松井道夫社長という3人の経営者が登場した。それを踏まえ、いくつかのイノベーションの形態を取り上げて検討していく。

各論に入る前に、経済社会の活力を維持するにはＩＴによるイノベーションが極めて重要だと強調しておきたい。それは革命的であるがゆえに偏見や強い抵抗を受ける。松井証券による株式取引の価格革命は既存のビジネスの在り方を根底から変えた。サイバーエージェントやネットトイヤーグループが広げたサービスは既存のメディアの一部に危機感を抱かせた。

立ち上がりも淘汰も早い

新たなサービスが次々と生まれ、魅力が発見されるとあっという間に広がっていくのがITビジネスの大きな特徴の一つだ。サイバーエージェントはこの特性に狙いを定め、新サービスを次々に生み出すメカニズムと文化を会社の中に埋め込んでいる。スピード感あふれる新サービス提供が可能な理由は、インターネットのビジネスは基本的にソフトウエアを開発し、それをネット上にのせるだけで、たちまち世界中の市場に提供できるからだ。

サービスの規模が大きくなるにつれ、設備を広げる必要が生じるのは他のビジネスと同様である。しかし、新サービスは小さく始め、成功を確認してから契約する容量を急拡大させアクセスの集中に備えることができるのがITという業界だ。中小の事業者でも世界市場でのサービス展開を夢見ることができる。

最近では、無線ですべてのデバイス(装置)がつながれていることを前提に、クラウドコンピューターのネットワーク側にデータなどを置きながら、アプリケーション

最近のネットワークのイメージ

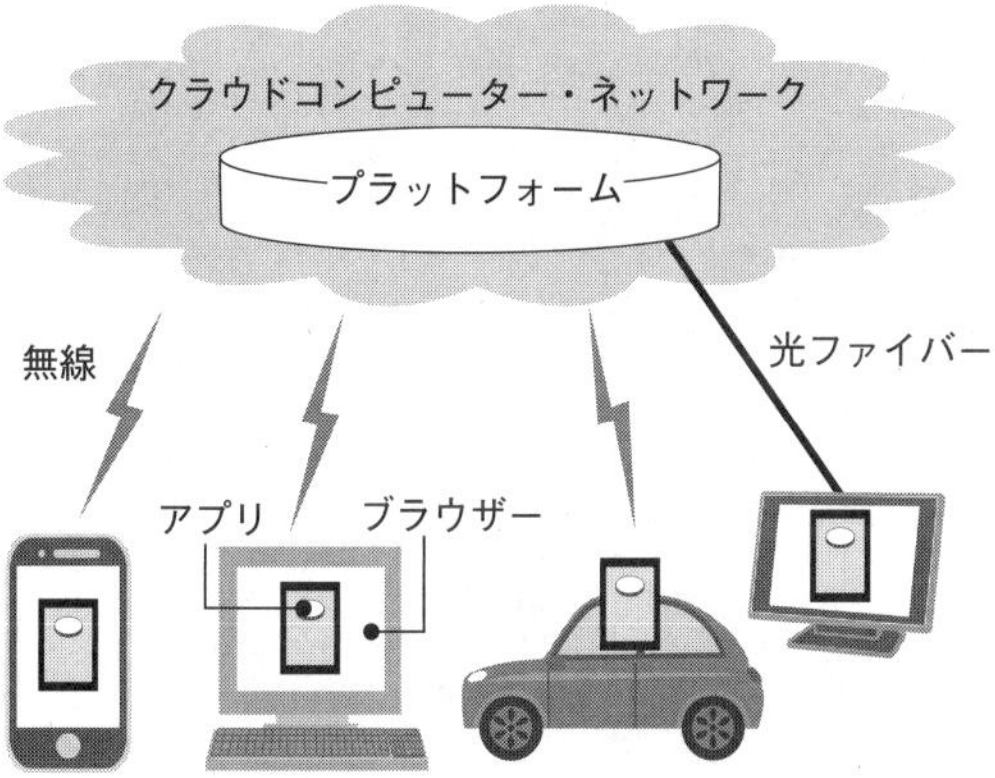

（アプリ）と呼ばれるソフトウエアを端末に送り込む形態が急速に広がっている。客が世界のどこにいても、購入した電子書籍のような自分のデータにアクセスできる環境である。これがネットゲームの世界になると、世界中のプレーヤーといつでも一緒に楽しめる。

ネットのサービスは早く立ち上げることができる。それだけに淘汰もされやすい。ネットビジネスの世界市場で勝ち残るには、世界中のライバルに対し、スピードと創造性で勝る必要がある。

ユーザー増で利益率向上

新たなITビジネスはしばしば価格の破壊者となる。株式の売買委託手数料率の劇的な引き下げを実現した松井証券は好例だ。

同社は、それまで取引金額に応じて変化していた手数料体系を、1日ごとの定額制に変える抜本改革をなし遂げた。

背景にはコスト構造の変化がある。企業の営業コストは変動費が中心である。だが、IT業界の主要なコストは装置や人件費など固定費だ。だからサービスのユーザー（客）が増えれば増えるほど、1人当たりのコストが下がる「規模の経済」が強く働く。思い切った値下げでマーケットでの自社のシェアを拡大すれば、それだけ利益率を高めることができるのだ。

これに加え、サイバーエージェントなどが進めるソーシャル（交流）系サービスには「ネットワーク外部性」といわれる現象が起こる。客が増えれば増えるほど、客同士のつながり数が級数的に増える現象のことだ。

単純化するため、代表的な同サービスである交流ゲームを2人の客（ペア）で使う

「つながり市場（ペア）」のイメージ

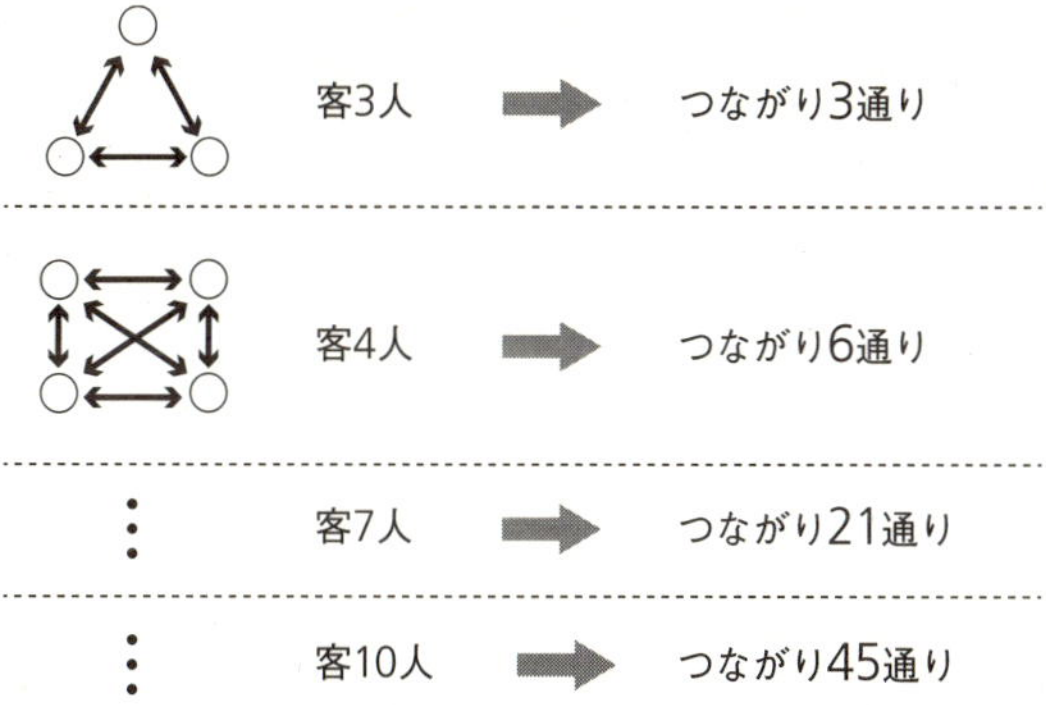

市場があると仮定する。客となりうる人（潜在客）が10人の場合、２人ずつの組み合わせは45通り。これが「つながり市場」の基数だ。同市場でのシェアは客7人（つながり21通り）を得ても47％にすぎない。だが、客8人（28通り）で62％、客9人（36通り）で80％に跳ね上がる。潜在客数がさらに増えても同様な現象が見られる。

ネット広告のモデル提供などで収益を得る際、サービスの大幅な値下げか無料化で多くの利用者を獲得する論理が働きやすいのはこのためだ。

「匿名経済」から「顕名経済」へ

企業と客、客同士、企業同士がつながり続けるのがインターネットの大きな特徴の一つだといえる。ネットが普及する前のスーパーマーケットの事情を考えてみてほしい。例えば生鮮食品などでは売り手が生産者を知らず、消費者はレトルト食品に含まれるニンジンの産地を知らなかった。

サービスが一般化すると匿名性が高まり、情報が途中で連続しなくなるのが大衆消費社会の特徴だった。売り手や買い手がからむ取引は毎回、それまでの取引の情報がない状態で実行された。

これに対し、ネット販売を利用すれば、消費者の実名や届け先の住所や電話番号まで聞く場合が多い。実名を登録していない場合でも、消費者が同じ登録名でサービスを使い続けている間は継続的な関係となり、それまでの取引の履歴から次回におすすめする商品を変えることもできる。「匿名経済」から「顕名経済」への大転換である。

マーケティングにも新しい手法が生まれる。ネットイヤーのように新時代のコミュニケーション、マーケティングが得意な会社が育ってくる。

もうひとつの大きな変化は、客同士がさまざまな情報を交換するようになってきたことだ。一般に客が商品を購買するプロセスには、商品の認知↓比較検討↓最終決定↓購買といった一連の行動があるとされる。ここで購入する商品の最終決定などには友人らによる助言の影響力が大きいとみられている。ソーシャル（交流）ネットワークのサービスを活用したマーケティングなどに関心が集まるのはそのためだ。

こうしたなかで、松井証券があえて「営業しない営業」を標榜したのは興味深い。ネットによるつながりを通じ客に商品をどんどん推奨するのは簡単だが、企業が自分の領域に一方的に入り込んでくることを嫌がる客は少なくない。客の求めに応じ、迅速に対応できる仕組みを整える方がうまくいくのかもしれない。

ベンチャー育成で新陳代謝を

ITビジネスとベンチャー企業は切っても切れない関係にある。IT企業にベンチャーが多いのは、スタートするビジネスの革新性ゆえに、既存の企業では旧来の慣行などをなかなか崩せないためだ。松井証券のように自ら過去を否定、業界を創造的に破壊していく会社もある。だが、多くはネットイヤーやサイバーエージェントなど、インターネットの商用サービス開始後に生まれた企業である。

背後に政府の政策があったことも認識しておくべきだと思う。99年のいわゆる「中小企業国会」、00年の新興市場ナスダック・ジャパン創設などを出発点として、自己資本や借入金ではなく外部からの出資が基盤のベンチャー企業の創設に道が開かれ、支援税制も整備された。

こうした政策が米西海岸のIT集積地シリコンバレーを育てたモデルを意識したものだったことは間違いないだろう。

イノベーションを大企業の研究所だけに期待するのは従来の姿。新たなモデルでは小規模でも技術やビジョンを持つ将来有望な企業に投資して実現する。スピード経営がもてはやされる現代では有効なかたちだ。これは基礎技術の研究を大学などに任せ、商業化に焦点を絞る「オープン・イノベーションモデル」でもある。

日本のIT系のベンチャー企業は設立ラッシュからほどなく、01年にはインターネット関連企業の株価が急落するネットバブルの崩壊に直面した。その後、日本の投資家にはリスク回避の志向が強まった。日本のベンチャー企業が進む道は平坦とは言い難く、シリコンバレーのような隆盛まではなお遠い。しかし、経済に新陳代謝は不可欠であり、新たな企業の誕生は支援されるべきだ。

シリコンバレーでも長い時間をかけイノベーションの連関がつくられてきた。ベンチャー企業育成には官民が腰を据えて取り組まないといけない。

スピード速める人材を確保

ネットイヤーグループ、松井証券、サイバーエージェントのケースでは、創造的な会社をつくるための人材確保の戦略の違いが興味深かった。サイバーエージェントは優秀な開発人材を獲得、長く維持するため技術者の新卒採用や長期雇用に取り組んでいる。他の会社に先駆け、新しいサービスを打ち出し続けることを強みとしている同社の戦略が背景にある。

ネットイヤーグループはワークスタイルの選択制度などを導入。結果重視の評価制度を入れることで、女性の活用をはじめとする多様な人材の登用を進めている。マーケティングをビジネスの軸とする同社ならではの人材戦略だといえる。

一方、松井証券は変化にすばやく対応できるコンパクトな会社を目指して、インターネットでの株式取引システムの独自開発を切り捨てた。既存の経営資源の活用を優先するあまり、イノベーションのペースが鈍ることは往々にしてある。コアビジネスを株式売買と絞り、自社で担う必要がない部分は徹底してアウトソーシング（外部委託）するのは合理的な判断だと思う。

このように3社のアプローチはそれぞれ異なるが、いずれの会社もITビジネスはスピードが速くないと競争に勝てないという強い問題意識を共有している。ネットワーク外部性が強く働くIT業界では、先行してサービスを始めマーケットシェアを獲得する利点が他の業界よりも大きい。一方、時代遅れとなった旧型ビジネスの衰退のスピードも速い。迅速に経営資源を振り分けられない企業は、組織の重みで潰れてしまう。

大学教員として気になるのは、このようなIT業界に送り出す若者のキャリアだ。変転が激しい業界なので、特定の会社に就職しておしまいということにはならないだろう。この業界の評価は公平が前提である。自分の技能を高め、したたかに生き抜いてほしい。

プラットフォーム構築を急げ

かつて世界市場をリードした家電製品の業界がテレビ販売でつまずいて不振を極め

ている。モバイル（移動式）インターネットの分野は日本企業がリードしていると思われたが、米アップルや韓国サムスングループに主役を奪われている。日本のIT産業は全般に元気がない。

プラットフォーム開発競争も気になる。ネットイヤーグループ、サイバーエージェントの2社がともに力を入れるスマホ関連のビジネスでは、世界中に展開したネットワークコンピューター群にデータやソフトウェアを格納するプラットフォームを構築し、スマホと連動させる。

プラットフォーム開発は決定的に重要だが、その主導権は米国の企業が握る。日本企業は後れをとってはいるが、IT業界はスピードが速い分だけ、巻き返しのチャンスも早く訪れる。大学では学生に「故スティーブ・ジョブズ氏への最高の敬意の表し方はアップルを打ち負かす製品やサービスを提供することだ」と述べ、鼓舞している。

これからのプラットフォームの構築競争はスマホだけでなく、自動車、産業用機械、家電、住宅用機器、電力関係機器などにも広がるだろう。情報プラットフォームに影響力を行使できなければ自動車も売れない時が来ると思われる。そのような戦略ポイントは確実に頭に入れておきたい。

ITとは、世の中に存在するすべての業界に新たな機能を提供し、コスト構造を変え、流通システムも変革するイノベーションの基盤である。これから人口の高齢化がさらに進むなか、日本企業が生き残るためには、絶え間なくイノベーションを起こし、高付加価値化を目指していかなければならない。

ＩＴを活用すればビジネスの効率が上がる手つかずの分野もなお多い。勝負はこれからだ。日本企業に期待する。

第Ⅲ章　新たな市場を拓く

1

オイシックス社長　高島宏平氏

Point

・ビジネスには当事者の「熱量」が必要
・消費者が望むサービスか否かを吟味
・情報過多は消費者をかえって不安に

「素人目線」で業界の常識を疑う

オイシックスは、主にインターネットを通じて注文を受け、無・減農薬、有機肥料栽培の農産物や無添加の加工食品などを売る。会員の自宅に宅配便で商品を届ける。本社は東京都品川区だ。

2000年に創業してから売上高は順調に伸び、12年3月期が126億円。ネット通信販売の利用者は12年9月末までに累計80万人に達した。ネットを通じた生鮮食品の通販業は創業当時、ネット先進国の米国でも大きな成功例はなかった。日本では食品の安全に対する消費者の関心が高まっていたころで、通販の新たな分野としても挑戦する価値が高いと考えた。

前身は大学時代に仲間と始めたベンチャー企業だ。ネットを使ったイベント中継や航空券販売などを手がけた。私を含めたメンバーは卒業後、いったん経営コンサルタントやコンピューター関連などの会社に就職。技術や人脈を得たうえで再び集まり当社を設立した。

ネット通販のノウハウはあったが、農業や食品流通では素人だった。一般に専門知識の欠如は弱みとされるが、常識にとらわれない〝素人目線〟は創業時にむしろ強みとなった。

食品の勉強を始めてまず浮かんだ疑問は「なぜ生産者は自分で作ったものを食べないのか」ということだ。自家消費する分と出荷分で畑を分けて出荷用にだけ農薬を使う農家もあった。食品工場で働いている人に「製品を自分で食べるか」と尋ね、否定されたこともある。驚きだった。これが「生産者が自分や家族に食べさせたいと思うものを売る」といういまの事業につながった。

業界事情を中途半端に知る〝セミプロ〟になるのは危険だ。顧客目線のプロとして業界の常識を疑うことが大事だ。

「認識の差」からヒット商品

初めての当社のヒット商品が創業翌年の01年に発売した「ふぞろい野菜」である。色や形、大きさなどが規格を外れるという理由だけで味は変わらないのにニンジン、キュウリなどが通常品よりも3割程度安い。当社のスタッフが産地で収穫を手伝い、畑の一角に規格外のナスが積まれているのを見つけたことがヒントになった。

当社は「売れば絶対にヒットする」と説得したが、農家は「味は他の農作物と同じだが、傷があったり形が悪かったりするから出荷しない」と渋った。双方の間には、消費者が求める農産物をめぐる認識や常識で大きな差があった。

生産者を説得するため、当社会員に「形がふぞろいでも安くて安全でおいしい野菜ならば買いますか」という内容の調査を実施。好反応だとの結果を示し、規格外品の買いつけに成功した。

好調に売れると生産者の方から「規格外の野菜は他にもある」と積極的に提案して

オイシックスの売上高

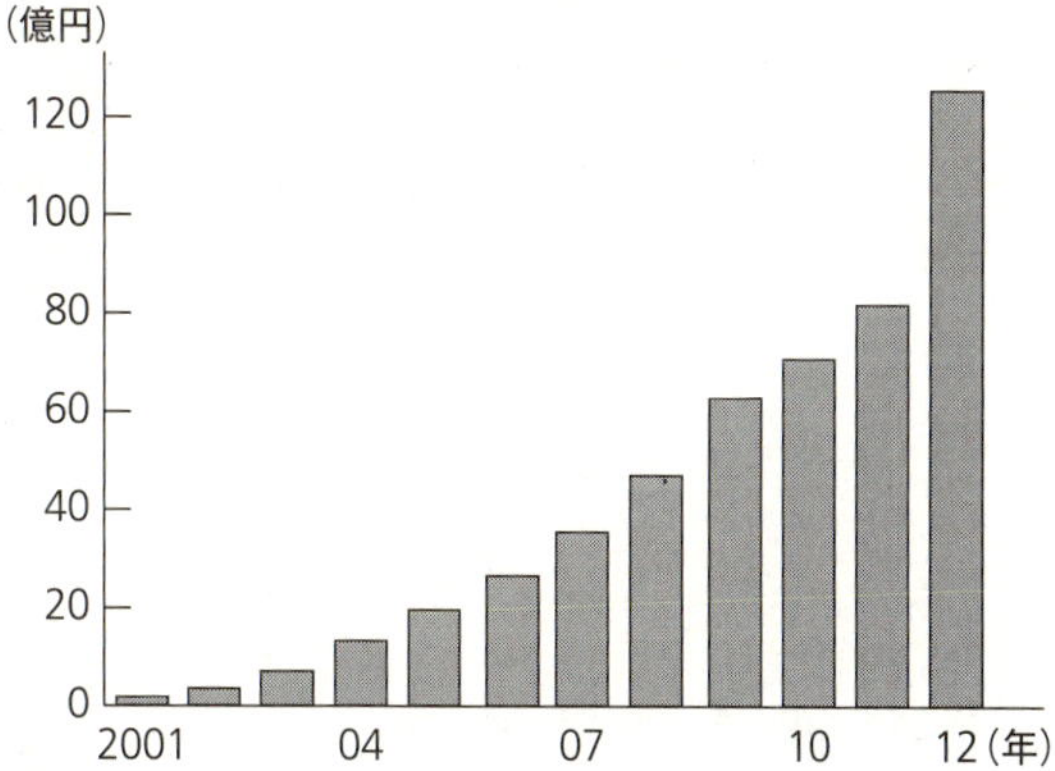

(注)各年3月期

くるようになった。商品のラインアップは増えていった。

02年に売り出した「生で食べられるトウモロコシ」も産地と消費地の常識の差が商品化につながった。当社のスタッフがトウモロコシを生で食べている農家の人を見て驚いた。一方、生産者は「都会では生で食べないのか」と目を丸くした。トウモロコシは収穫後の鮮度劣化が速い。それでも輸送温度を特別に管理すれば、消費者の手元に届いた日とその翌日は加熱しなくてもおいしく食べることができる。

認識や常識の格差に気づけば、埋もれたヒット商品を掘り出せるのだ。

「不可逆性のある未来」で成功

私たちが創業にあたってインターネットで野菜を売ると言うと、多くの人たちが反対した。当時は主婦がインターネットを通じて野菜を買うというライフスタイルが想定し難かったからだ。

反対意見の代表は「主婦はパソコンを使わない」「ネット上の取引には不安がつきまとい、クレジットカードでの決済は広がらない」など。しかし、ふたを開けてみれば当社をはじめとする食品の通信販売市場は広がり続けている。ネット上での当社顧客の過半数はクレジット決済を選ぶ。

そのころから私を含む当社の経営陣が信じていることは、新事業がもたらす未来が「一度知ってしまうと元に戻れない世界」であれば新事業は成功するという法則だ。

例えば、ネットでモノを買う便利さを一度知ってしまうと、なかなか手放すことはできない。同様においしくて安全な〝本物の食品〟の味を経験すると、他の食べ物では満足できなくなるはずだ。当社の成功の背景はそれだと考えている。

新たな事業を始める前には、実現が難しくても消費者が一度味わってみれば、それより前には戻れないモノやサービスを提供できるかどうか検討してみるとよい。私たちはこれを「不可逆性のある未来」と呼んでいる。

この不可逆性があれば、たとえ「いま」と「未来」の格差が大きくても、これを埋めることは可能だ。一方、容易に実現できる未来を目指すと当事者の〝熱量〟が十分でなく、失敗のリスクが高まる。実現が難しいからこそ人は情熱を傾ける。

新事業が軌道に乗っても落とし穴はある。人材、人脈、ブランドといった企業の資産が積み上がってくると、比較的簡単に手の届く収益機会に目が向きやすくなる。

当社もペットフードの販売に乗り出したことがある。簡単に成功すると思えたが、うまくいかなかった。既存市場への参入は甘くなく、何より熱意が足りなかったのだ。

流行のキーワードを吟味

新しい市場を開拓するには、消費者の本当のニーズが何かをしっかりととらえることが重要だ。流行のキーワードだけを追うと、本質を見過ごしやすい。当社が属する食品業界においては、「トレーサビリティー（生産履歴の追跡）」「食育」「地産地消」といったフレーズが氾濫、新事業を生むかのように言われた。だが、そうした分野への

2007年、買いつけに訪れた千葉県のレンコン畑で

投資で高収益を得た企業があるかどうか疑問だ。
トレーサビリティーを例に考えよう。顧客の大半は、食べ物の生産・流通経路をそれほど細かく知りたいと思っているわけではない。求めているのは安心して買い物ができる環境である。食品の履歴をいちいち確認する必要がなければ、それに越したことはない。

顧客の基本的な願いは「信頼できる店であってほしい」ということだろう。ところがトレーサビリティーというキーワードに固執すると、商品にバーコードを付け、流通経路を携帯電話でさかのぼれるようにすることが消費者のニーズだと勘違いする。的外れな投資をして、存在しない市場を追求する危険がある。

食を通じ文化や健康などを教える「食育」も同様だ。この言葉がはやってから「食育事業をしたい」という理由で当社を志望する人が増えた。だが消費者の多くは自分の子どもに対し、食を大切にしてほしいとは思うが、わざわざ食育を受けさせたいとは考えない。

トレーサビリティーや食育の意義を否定しないが、もっぱら供給者側の論理で語られているように思える。消費者が望むサービスか否かを十分に吟味しないといけない。

情報開示はニーズに合わせて

新事業は新しい価値を生み出し、消費者に伝えないと成功しない。野菜をはじめとする生鮮・加工食品の通信販売を軸とする当社の事業を例にとれば、おいしく食べられる農作物を育てることは生産者の仕事だが、そのおいしさを消費者に伝えるのは私たちの責任だ。

当社は「ピーチかぶ」という、桃（ピーチ）をほうふつとさせるとても甘いカブを取り扱っている。農家が自家用に栽培していたのを当社のスタッフが見つけ、03年に販売を始めた。おいしいけれど栽培が難しいため、一般にはほとんど出回っていなかった。

一般向けに生産してほしいと農家を口説く一方、強い甘さが直感的に伝わる商品名を考えた。生産者しか食べられなかったカブが都会の消費者も食べられるようになるというストーリーも伝え、ヒット商品に育てた。

当社が標榜する食品の「安心・安全」を確保するためにも2方面からのアプローチが必要だ。安全は科学的なもの、安心は心理的なもので異なる概念だ。食品会社で一番大切なのは安全だが、これが消費者に伝わらないと安心してもらえない。徹底的に安全性を追求して、すべてを開示しても消費者に安心してもらえるとは限らない。許容量を超えた情報過多は人をかえって不安にする。

食品のラベルに何を表示し、メールで何を伝え、カスタマーサポートセンターへの電話にどう対応するかといった全体の計画が必要になる。例えば、食品に詳しく成分などをすべて知りたい顧客が問い合わせてきたらデータを示す。だが、その他の顧客に対する開示は、わかりやすく加工した情報をホームページに載せればー分だろう。

当社は学識経験者と一般消費者の3人ずつで構成する中立の食質監査委員会を設け、商品の表示が自社基準に合致しているかどうかのチェックを依頼している。消費者の信頼を高めるためだ。

2 エイチ・アイ・エス会長 沢田秀雄氏

Point

- 好調に見える産業はすでに衰退期
- 新市場では先行企業が有利
- 価値ある市場は熱意で切り開く

ビジネスの「土砂降り」は好機

1980年、東京都新宿区の雑居ビルの一室を本社に、エイチ・アイ・エスの前身となるインターナショナルツアーズを設立した。海外旅行といえば団体ツアーが全盛だった時代に、格安航空券を使った個人旅行という新しい市場を開いた。現社名に変更したのは90年で、95年には株式を店頭公開した。2011年10月期の売上高は連結で3800億円に達した。

この間にさまざまな新事業に挑んだ。格安航空会社（LCC）の先駆けとしてスカイマークエアラインズ（現スカイマーク）を96年に設立。03年にはモンゴルのハーン銀行を買収した。テーマパークのハウステンボスは10年に子会社化し、11年9月期には開業後初めて営業収支を黒字にした。

困難な事業ばかりに見える。だが、いずれも成長分野だと判断した結果の投資ばかりだ。見込み通りに、LCCは日本で設立ラッシュを迎え、モンゴルの鉱物資源は世界の注目を集める。長崎県佐世保市のハウステンボスは訪日客の多い中国、韓国、台湾に近く、再生は可能だと判断した。

だれの目にも好調に映る産業は、すでに衰退が始まっている。時代の変化をとらえ、10年先に伸びる分野に投資しなければならない。困難に見える分野への進出はだれもがためらうので、私のようなチャレンジャーには好都合だ。ビジネスにおける〝土砂降り〟はむしろチャンスなのである。

参入するならば広く社会のためになる事業を選ぶとよい。こうしたビジネスは監督官庁や周辺業界の協力を得やすく、成功につながりやすい。ただ、新事業への挑戦は失敗が許される範囲に抑えるべきだ。仮に失敗しても、その経験は必ず次の事業に生きる。だが本業が致命傷を負えば、無謀と言わざるを得ない。

覚悟と熱意で人は動く

96年に関連会社としてスカイマークエアラインズ（現スカイマーク）を設立した。これとは別に新設された北海道が本拠の航空会社とともに、日本初のＬＣＣといえる存在になった。98年には他社の半額程度の運賃で羽田―福岡間に初めての便を飛ばした。

航空会社の設立は、機体調達などに巨額の投資が必要なので難しいといわれていた。だが機体は割安なリースで入手すればよい。当時の米欧では航空会社が新たに誕生したりつぶれたりするのは当たり前。日本にもＬＣＣのニーズはあるのだから必ずできると考えた。

それでも実際は困難の連続。航空業界は安全確保のため、規制と認可事項が山ほどあった。書類を作っても役所が窓口で突き返すというやりとりを何百回も繰り返した。

特に苦労したのは人材確保。航空業務に精通するスタッフを多数採用しなければならなかったが、既存の大手が抱え込んだ。就航には250人ほどの社員が必要なのに、

エイチ・アイ・エスの売上高

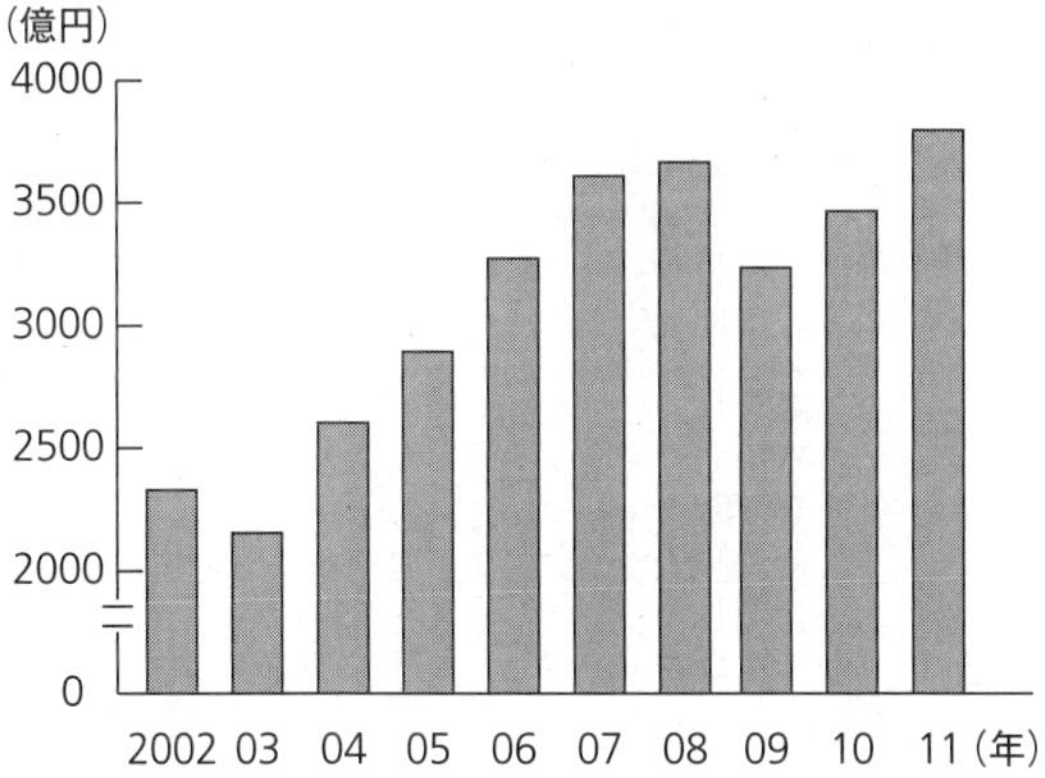

(注)連結ベース、10月期

設立初年度に集められたのは約30人だった。

就航前の撤退も考えた。スタッフ候補者は当社に転職しても飛行機が飛ばないまま会社が消えることを恐れた。「絶対に飛ばす」と覚悟を決めた。その熱意を伝えることで夢を持つ人を少しずつ集めることができた。

就航後は日本航空や全日本空輸が競合路線の運賃を下げた。対象路線の搭乗率は一時、30％程度に落ち込んだため、繁忙期の夏場や年末年始は運賃を上げた。経営再建の道筋をつけ、04年には社長をＩＴ企業の経営者に譲った。

基幹事業、全社一丸で育成

旅が好きで、若い頃から世界各地を飛び回っていた。そこで気がついたのは同じ商品やサービスでも日本より海外の方が極端に値段が安い場合があるということだ。この〝ゆがみ〟を正せばビジネスになると考えた。

76年に帰国して始めたのは内外価格差が特に大きかった毛皮製品の輸入販売だ。野生動物保護の動きで困難になると、80年には個人の海外旅行客に格安航空券を販売する旅行会社インターナショナルツアーズを設けた。当社の前身だ。

当時の米欧航空会社はオフシーズンに正規の半額程度の格安航空券を売っていた。日本でも需要が膨らむと確信した。

そのころの日本の航空会社はシーズンごとに大きく運賃を変える柔軟性をもたなかった。大手の旅行会社も売上高や利幅が大きな団体旅行に力を入れ、個人旅行は見過ごしていた。格安航空券は当社のようなベンチャー企業が攻略すべきニッチ（隙間）市場だった。

格安航空券は外国航空会社や、団体用にまとめ売りされた航空券をばらして売る卸

1983年、東京都新宿区のオフィスで働く沢田秀雄社長㊧

売会社などから仕入れた。お金に余裕はないが外国に行きたい若者に売り込んだ。形を見せ始めた新たな市場に大手旅行会社が関心をもたないように、なるべく目立たないように心がけた。広告を控え、マスコミの取材も避けた。

新たな市場では先行企業が長く優位でいられるケースが多い。若い社員は個人旅行の企画作りに意欲を見せたが、格安航空券でナンバーワンの地位を固めるまでは許さなかった。創業時には全社あげて基幹事業を育てなければならないからだ。

事業の知恵は現場で見つける

長崎県佐世保市のテーマパーク「ハウステンボス」は11年9月期に92年の開業から初めて、営業損益で黒字を記録した。2度の経営破綻を経験したハウステンボスの再建を10年に引き受けた。地元自治体や金融機関の強力な支援で良い決算となったが、再生に向け一応の道筋をつけたとは考えている。

佐世保市や金融機関にハウステンボス再建を頼まれた際、周囲は「リスクが大き過ぎる」と猛反対した。だが引受先の決定が遅れれば地域経済に大きな打撃を与える。そこでハウステンボスの財務状況を確認しながら再生シミュレーションを繰り返し、地元の協力を取りつけた。金融機関には債務の8割免除、佐世保市には固定資産税の減免をお願いした。これだけの好条件をいただければ断る理由はなかった。

再建方法は極めてシンプル。経費を2割削減する一方、売り上げを2割増やす目標を設けた。

手始めに園内の3分の1を入園無料のエリアにした。入園料を取らなければ、それほど多額の経費をかけなくても来園者は満足するし、人が増えて活気が出れば有料入園者の増加にもつながる。

現場から知恵を集めるのは重要だ。たとえば園内を飾る花の調達や配置をだれに任せるかを決める際、約1千人の従業員から花好きな人を抜てきした。すると花のコストは3分の2程度に下がる一方、花の量は増えてデザインも新しくなった。こうした努力は他の分野でも続けている。

テーマパークの再建は当社にとって新たな市場であり、個人として働く時間の7割をハウステンボス関連に割いている感覚だ。1年の半分ほどは敷地内のホテルに宿泊する。見ないとわからないことが多く、現場をくまなく回って指揮をとる。

ハウステンボス運営の現状を自己採点すると100点満点で57点。及第点の60点には少し足りない。そのわずかな底上げを実現するのが経営だ。

リスク承知でアジアに賭ける

世界の経済、政治の軸は今後、米欧からアジアに移ってくると考えている。主要地域別の人口では世界最大規模で、このまま生活水準が向上していけば、需要が増え、市場も急拡大する。新たな市場やビジネスのタネが相次ぎ生まれるだろう。

私が社長を務める沢田ホールディングスは03年、民間に払い下げられるモンゴル国立銀行を落札した。赤字続きの銀行だったので8億円の安値で手に入れたが、小口金融に力を入れて業績を伸ばし、いまではモンゴル最大規模の民間銀行に成長した。同国は未開発の鉱物資源が多く、これをテコにした経済発展が見込める。蓄積した発展途上国での金融ノウハウはカンボジアやミャンマーでも生かす方針だ。

当社が注目するのもアジアの旅行市場だ。日本の海外旅行者数は年間2千万人程度で頭打ちになるだろうが、アジア全体では少なくともその10倍の需要が見込める。東南アジア各国から日本への旅行者も増えると見ている。こうした新たな顧客を取り込むため、アジアの支店を拡充している。

長崎県佐世保市のテーマパーク、ハウステンボスの顧客としても、中国、韓国、台湾で増える中間層に期待する。地理の近さは好条件で、工夫次第では東京ディズニーリゾートにも対抗できる。

12年2月には長崎と上海を結ぶ国際クルーズ船の運航を始めた。燃油特別付加運賃(燃油サーチャージ)などを除く通常料金は大人が片道9800円から。公海上限定で船上ではカジノも楽しめる。尖閣諸島をめぐる日中関係の悪化でいまは運休しているが、LCCが増えたように、低価格での船旅のニーズは多いと思う。

日本は韓国などとも歴史や領土の問題で火種を抱えており、アジアにおけるビジネスのリスクは無視できない。それでも価値があると判断すれば、熱意をもって切り開くのが起業家である。

3 ジャパネットたかた社長　高田明氏

Point

- ・目の前の課題を1つずつ克服
- ・素早い対応には「自前主義」が効率的
- ・どこでも高水準のサービス提供

使い方をシンプルに伝える

社長自らテレビの通信販売番組に登場、独特のハイトーンボイスで手にした商品の使い方を説明する。これが当社に対する一般的なイメージではないか。長崎県のラジオ局で本格的に始めた1990年以降、挑戦を続け、家電製品を中心に通販という分野をメジャーにすることができた。いまや当社の他にも通販番組は数多い。

実際に私がMC（司会）を務める通販番組は地上波のテレビだけで、CS放送やラジオなどは社員に任せている。共通するのは「幸せになれる商品の使い方」を説明するトークの内容だ。

たとえばデジタルボイスレコーダーは主にビジネスパーソン向けと思われていたが、これを普通の家庭に売り込むにはどうするか。高齢者には「あしたの予定を忘れないうちにレコーダーに吹き込んでから寝ましょう」と呼びかける。働く母親には『おやつは冷蔵庫にある』と録音しておけばお子さんは喜びます」と助言する。それだけで新たな市場が拓《ひら》ける。

機能がどれだけ向上したといわれてもピンとこない。大事なのは、客が知りたいことを「シンプルに伝えること」だ。これは米アップルの創業者、故スティーブ・ジョブズ氏の言葉でもある。

客の幸福を追求する姿勢は当社のクレドが映す。これは⑴商品の先にある「生活」や「感動」を届けること⑵身近で便利で安心・快適な買い物手段であること⑶商品の最大限の価値を伝えること⑷楽しさ、面白さ、元気を与えること――の4点をミッション（使命）として明記する。

2004年に顧客情報流出という不祥事を起こした際、営業を長期停止したのは難しい判断ではなかった。反省し再発防止に努めたことで信頼していただけたと考える。

「メディアミックス」で通販

父の会社から独立しカメラ販売の「たかた」を長崎県佐世保市で起業したのは86年。NBC長崎放送が中継車を出し商店主らのPRをラジオで放送する企画があり、マスメディアの宣伝効果の大きさを知った。

同社の誘いもあり90年に踏み切った本格的な通販番組の1回目は、5分間の放送枠を数十万円で買い、2万円弱のカメラを50台ほど売った。1店舗当たりの売上高が月300万～400万円だったので、大きかった。

当社は別会社のコールセンター部門とともにジャパネットホールディングス（佐世保市）の傘下にあり、売上高は11年12月期が1531億円。テレビ通販のイメージが強いが、チャネル別の販売額は4割強を占める新聞の広告や折り込み、カタログなどの紙媒体がトップ。2位はインターネットで、テレビは3位に後退したままだ。

この3つのチャネルにラジオを加えた「メディアミックス」が経営の柱の1つだ。消費者が日常で接するメディアはライフスタイルによって異なる。多くの客に利用し

チャネル別の売り上げ構成比

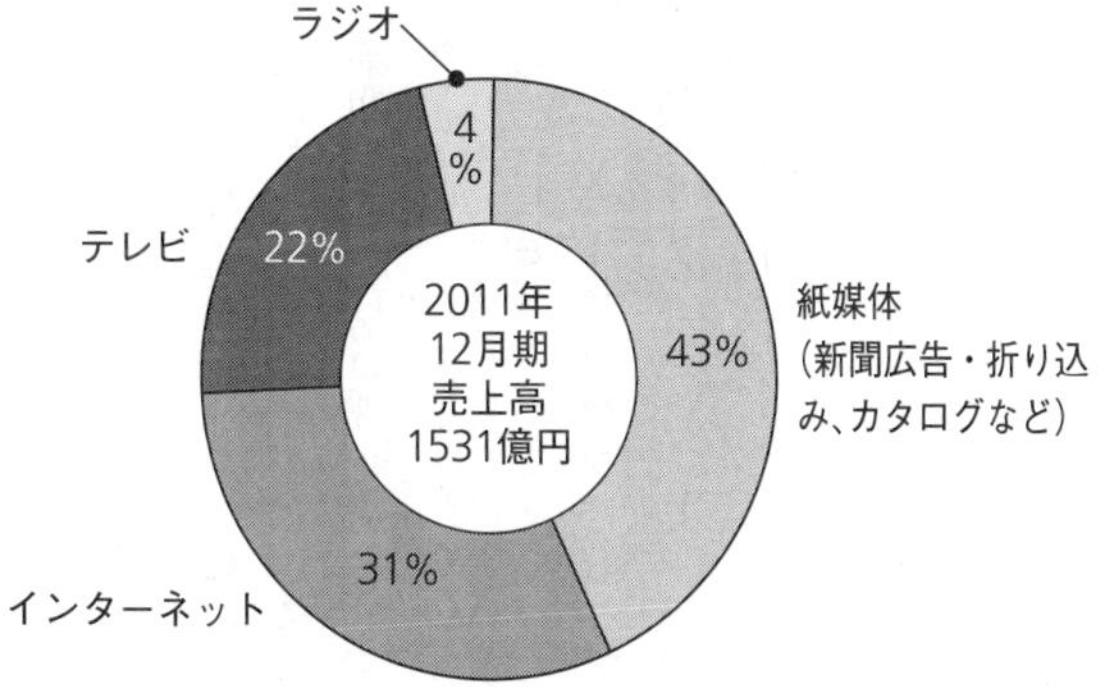

（注）ジャパネットたかた資料

てほしいので販売チャネルを特定のメディアに集中させることはまずない。

経営とは目の前の課題を1つずつクリアしていくことだ。通販のチャネルにしてもラジオでスタートし、もっと視聴者が多いテレビでやったらどうなるか、ネットならどうだろうか、と好奇心も手伝って進めてきた。

通販は私が発明した手法ではない。90年前後には九州だけ見ても他の家電販売会社などが手がけていたが、その中で徹底的に推し進めたのは当社だったということだ。

「自前主義」貫き商品に責任

当社の大きな特色の1つが「自前主義」だ。商品開発（調達）→販売戦略の立案→通販番組などでの商品紹介↓コールセンターでの注文受け付け↓商品発送↓アフターサービス――という通販に必要な一連の業務をアウトソーシングせず、グループ内で完結させている。テレビの番組も自前のスタジオを使い、社内で育成したスタッフが作成する。

実際には配送やエアコンの取り付け工事などは外部の会社が担当するので、完全な自前主義とは言えないかもしれない。だが、こうした取引先とも当社のコンプライアンス部門などが互いに連携して、現状の把握に努めている。

アウトソーシングそのものを否定するわけではない。コスト削減と効率経営につながるならば活用すべきだと思う。だが、アウトソーシングの会社もそれぞれの利益を上乗せして受託料金を受け取っているはずだ。自社に技術やノウハウがある業務ならば、内製化する方が合理的ではないか。

グローバル化も影響して新製品が発売されるサイクルは以前よりも短くなっている。こうした変化に素早く対応するには自前主義が効率的だ。

コストや効率化を検討する以前に、当社のような流通業は販売した商品にもできるだけ責任を持つべきだと考える。販売価格はメーカーと共同開発した製品ならばかなり安いが、全国で一般に流通するナショナルブランドの商品は大型量販店と大差ない。

そこで当社を選んでもらうには通販番組で使い方を提案するだけでなく、責任を含む誠意を示す必要がある。

理想の1つが米ホテルチェーンのリッツカールトンだ。系列のホテルは世界のどこでも高い水準のサービスを提供できている。サービスのスタンダードを社内で確立、実現する努力を重ねているからだ。当社のグループもこうありたい。そのためには自前主義を貫くことが重要だと信じる。

情報格差埋め地方を振興

岐阜県高山市で12年4月にあった山王祭にあわせて自前のテレビ中継車を出し、蔵元から地酒の通販に挑んだ。酒類は初めてだったが、2千本以上が売れた。9月には長崎県雲仙市から名産の麺料理「小浜《おばま》ちゃんぽん」のセットを紹介した。こうした地方からの通販を増やしている。

できれば全国の47都道府県に1台ずつ中継車を置き、各地の物産を機動的に通販で扱いたい。日本の各地は多様な文化と産物に恵まれている。だが、産物について消費者が求める情報は十分に伝わらず、その価値ほどには売れていない。こうした情報ギ

テレビ通販に出演する高田社長
（2012年9月、本社のスタジオ）

ャップを埋めるのが当社の役割で、地方の振興にもつながる。

当社の主力商品はこれまでパソコンを含むデジタル・AV家電製品だった。ところが11年の半ば以降はテレビ販売がエコポイント終了で大きく落ち込むなど、不安定になってきた。今後は家電のなかでも「白物」と呼ばれる冷蔵庫などの他、新たな商品も積極的に取り扱う方針だ。

具体的には女性向けアパレル製品、宝飾品などに力を入れたい。当社の客の65％前後は男性で年齢も40～60歳代の中・高齢層が目立つ。これは家電中心だからだ。だが、通販の客は女性が9割前後を占めるのが普通だ。若い女性にアピールし、客層を多様化させたい。

米国ではテレビの通販でマンションを売る。当社が扱えない商品もまずない。11年12月からは三菱自動車の電気自動車を通販番組で取り上げた。実際には同社が販売、当社は商品の紹介だけだが、12年9月までに100台くらいが売れた。

東京に新拠点、海外市場にらむ

東京都港区の地下鉄六本木一丁目駅に直結する高層ビル34階のワンフロアを借り切り、12年夏に新オフィスを開いた。年内には同フロアにスタジオを2つ新設する。業容の大幅な拡大だが、長崎県佐世保市の創業地を捨てるわけではない。佐世保の本社と東京の拠点で機能を分担させ、互いに競わせる狙いがある。

東京の拠点ではウェブサイトのコンテンツ作りなどインターネット関連の仕事、地上波を除くテレビやインターネット向けの通販番組制作を担当する。通販で増やしていくアパレル製品や宝飾品などのバイヤーも置く。

一方、佐世保に残るのは新聞広告・折り込みなどの紙媒体、地上波テレビやラジオによる通販の担当だ。社長が直轄するパソコン、テレビのバイヤーもとどまる。

東京では今後2、3年でインターネット担当者、バイヤーなど100〜150人を採用する。

海外進出の可能性を考慮した配置でもある。通販で扱う品目が家電の他にも広がることでアジア、欧州などにバイヤーの買い付け拠点を設ける必要も生じるかもしれない。こうした仕事も任せられる多様な人材を採用するには全国から人が集まる東京の中心に拠点を設けるのが得策だ。

通販事業そのもので海外に出ることもハードルは高くない。ウェブサイトの通販コンテンツで言語を英語とかフランス語に転換すればよい。コールセンターも中国やインドで割安に開設することができる。供給網の確保も難しくはないはずだ。

それでも日本と同じ手法で海外でも成功するかどうかは不透明だ。日本では「自前主義」にこだわったサービスを提供してきたが、これを外国でもできる保証はない。こうしたところでは慎重にならざるを得ない。

東京の拠点は当社副社長の長男に任せている。海外市場に本格進出する場合は、彼らの世代が中心になるかもしれない。

読み解く

神戸大学教授　栗木契氏

Point

- ・スペックの向上に終始しない
- ・顧客創造で社会問題を解決
- ・グローバル化と並行し国内市場開拓を

市場の「隙間」を掘り起こす

日本企業を取り巻く経営環境は、厳しさを増す一方だ。その中にあっても成長の機会を貪欲にうかがう一群の企業が存在する。こうした企業はどのような市場に活路を求めようとしているのか。

全体として頭打ちの市場でも、その一部には大きな成長の機会が残されていることがある。この不均質性が市場の特性であり、マーケティングを「売れなくても仕方がない」という運命論から解き放つカギとなる。

たとえば、一部の好調な企業を除いて売上高が伸び悩む総合スーパーを見ると、「デフレと低成長の続く日本国内では、スーパーのような日用品の小売りに成長機会はない」と嘆きたくなる。

一方、総合スーパーが扱う商品群の一部に特化した専門店チェーンが同じ時期に国内で大きく成長した。店名でいえば化粧品や薬品のマツモトキヨシ、カジュアル衣料のユニクロ、家具や家庭用品のニトリが代表例だ。

今回のシリーズで登場したオイシックス、エイチ・アイ・エス、ジャパネットたかたの3社はいずれも、こうした市場の〝隙間〟を見逃さなかった企業だ。それだけではない。この3社は誰の目にも明らかな成功モデルに頼らず、隙間がまだ潜在的な段階でその存在を見いだしていた。

市場は競争の場だ。隙間は明示された時点で「部分市場（セグメント）」として認知され、そこには先行したマツモトキヨシ、ユニクロ、ニトリが強力な競争相手として君臨する。ここに割って入っても機会は乏しい。

これから企業が国内市場で力を入れるべきなのは、顕在化した市場でシェアを奪い合う競争ではない。市場に潜在する隙間のニーズを掘り起こす競争である。次回から、この新しい競争を導く論理を順に探っていく。

思いこみ克服で市場は広がる

市場の〝隙間〟を探り当てるための第1の論理は思い込み（マイオピア）の克服だ。このシリーズで登場したオイシックス、エイチ・アイ・エス、ジャパネットたかたという3社の経営者はそれぞれ、「自分たちは何を売ろうとしているのか」と繰り返し自問する。

正解は1つではない。この問いへの回答は本質的に多様である。ここが重要なポイントだ。

注目すべきはジャパネットたかたの高田明社長の発言である。社長は通販商品のデジタルボイスレコーダーについて、ビジネスだけでなく、家庭においてもさまざまな用途が見いだせると語る。

一方、多くのメーカーや販売店は「ボイスレコーダーはビジネスの道具」という近視眼的な認識からなかなか抜け出せず、潜在市場を見落としてしまう。このように企業が可能性を自ら閉ざす現象を、米ハーバード大学経営大学院名誉教授のセオドア・レビット氏は「マーケティング・マイオピア（近視眼的マーケティング）」と名づけた。

高田社長が商品企画を特定の使用シーンにとらわれる呪縛から解き放つ一方、オイシックスの高島宏平社長は顧客が商品をどのように使うかまで想定する顧客経験に目を向けて価値を考える。

トレーサビリティー（生産履歴の追跡）とは、物理的スペック（仕様）とすれば、バーコードを商品に付け、流通経路を遡れるようにすることだ。だが、企業が顧客経験にまで責任を持ち、信頼できる会社であってほしいという要望に応えるならば、スペックを高めるだけでは足りないと高島社長は喝破する。

同じように顧客経験を大切にして、単なるスペックの向上に終始しなかったことで米アップルなどはイノベーションを続けてきた。このようにスペックから顧客経験に至る価値の連鎖のなかで、自社商品の特徴とは何かを考えることもマイオピアに陥らない知恵なのである。

目前の客を大切にする「ワナ」

市場に潜在的に存在する〝隙間〟を見つけるための2番目の論理は「顧客志向のワナ」に陥らないことである。

多くの企業は、顧客のニーズに応えることがビジネスで成功するカギだと考えている。確かに、この競争に勝ち残った企業が、優良企業と呼ばれるようにはなる。ところが、ここでいう「顧客」とは一体誰のことなのだろうか。

エイチ・アイ・エスの沢田秀雄会長が示すように、かつて日本の旅行は国内、海外共に団体行動が中心だった。そこで顧客が旅行会社に求めたのは航空会社、ホテル、旅館に対する価格交渉だけではない。大人数のツアーを成り立たせるための座席数や部屋数を確実に確保する力だった。旅行大手はこうしたニーズへの対応を優先、数に限りがある格安航空券の調達に力を入れなかった。

市場の隙間が生じたのはまさにここである。こうした旅行大手とは対照的に、エイチ・アイ・エスは団体旅行でなく、個人向けの格安航空券に専念した。大手が顧客を無視したわけではない。目の前の顧客を大切にするあまり、潜在する新たな顧客を失った。これが顧客志向のワナである。

一般に、顧客志向のもとで企業が耳を傾けるのは、眼前にいる既存顧客の声だ。だが、その時点で販売に大きな比重を占める有力顧客だけが顧客のすべてではない。短期的な売り上げへの貢献度は小さいが将来は増加すると見込まれるような新しい顧客も存在する。

エイチ・アイ・エスの黎明《れいめい》期における個人の海外旅行客がそれに当たる。オイシックスの事例における形がふぞろいでも安くて安全でおいしい野菜を買い求める消費者も同様だ。

こうした顧客の存在は顧客志向の企業に葛藤を生じさせる。ここに新規参入企業の機会が潜むことを、米ハーバード大学経営大学院のクレイトン・クリステンセン教授は指摘している。

「制約」「弱み」は収益の源泉

市場の〝隙間〟を探るための第3の論理は「マーケティング・リフレーミング」である。「リフレーミング」とは視点を転換することで、制約や弱みというマイナス要

ジャパネットたかたの戦略例

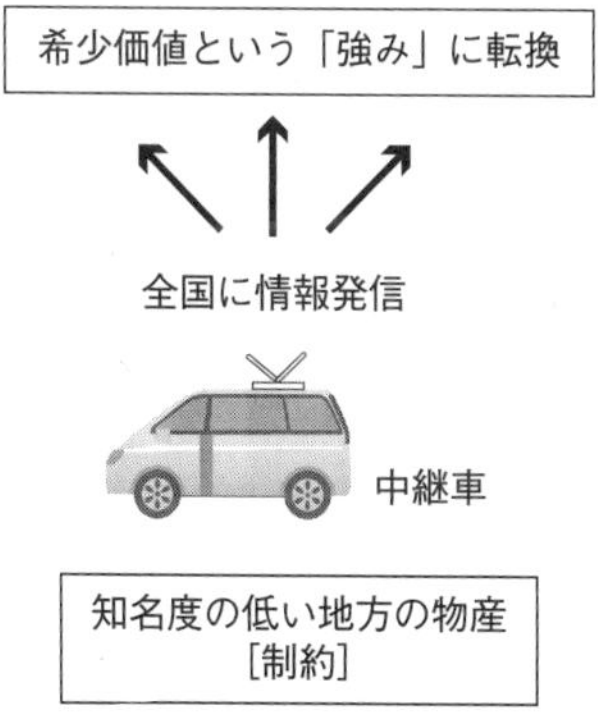

素がプラス要素に変わることを重視する発想だ。制約を無理に動かそうとしたり、弱みを切り離そうとしたりはしない。

企業の戦略策定などでは、強み（Ｓ）、弱み（Ｗ）、機会（Ｏ）、脅威（Ｔ）の４要素を見極めるＳＷＯＴ分析という手法が使われる。この分析に照らし、強みを生かし弱みを克服することが戦略策定の標準的なアプローチである。

リフレーミングはその逆を行く。制約や弱みを捨てないことで希少価値が生まれたり、競争回避を実現できたりする可能性があるからだ。

ジャパネットたかたの高田明社長は「地方」という制約を価値の源泉に転じようとしている。情報発信が東京に偏るのが現状だからこそ、各地に自前のテレビ中継車を置き、魅力的な物産を掘り起こして全国に発信する事業は希少価値が高い。

オイシックスの基幹事業であるインターネットを通じた食品販売にもかつては弱みがあった。以前はパソコンを使う主婦が少なく、ネット取引には決済の不安がつきまとった。だからこそ、同社の高島宏平社長が食品のネット通販に乗り出した時点では、強力な競争相手が存在しなかった。

企業の内外の制約を動かそうとしたり、弱みを切り離したりする際にはあつれきが生じる。だが、制約や弱みをそのまま生かせば摩擦は少ない。リフレーミングは迅速な実践の知恵でもある。

ビジョンが市場開拓の助けに

今回は「ビジョナリーマーケティング」の概念を論じる。ビジョンが市場を開拓するという意味で、市場に潜在する隙間を探り当てるための第4の論理だ。米経営学者のピーター・ドラッカーは20世紀の企業経営の本質を論じ、「企業の目的は、社会問題の解決を、顧客創造を通じて実現することにある」と述べた。

社会問題を解決するため国家が予算を投じるのは社会福祉で篤志家が浄財を投じる

のが慈善事業だが、近代企業は顧客創造を通じ社会問題を解決する、という意味だ。

バングラデシュにおけるマイクロクレジット（小口金融）の創設でノーベル平和賞を受賞したムハマド・ユヌス氏のような社会起業家の論理もその延長線上にある。

顧客創造を通じ社会問題を解決する姿勢を企業が明確な言葉で示したものがビジョンである。

このシリーズでもさまざまなビジョンが語られた。「広く社会のためになる事業を選ぶ」（エイチ・アイ・エスの沢田秀雄会長）、「『幸せになれる商品の使い方』を説明する」（ジャパネットたかたの高田明社長）、「顧客目線のプロ」（オイシックスの高島宏平社長）といった心に刺さる言葉が並ぶ。

なぜこうしたビジョンが市場を開拓するうえで重要なのか。こうしたビジョンは成功したビジネスの後追いに終始しない独自性の源泉となる。これが「脱コモディティー（汎用品）化」につながる。さらにビジョンは金銭による報酬を超えてハードに働く優れた人材を企業に引きつけ、組織が革新という困難に立ち向かう求心力にもなる。

インターネット上で交流サイト（ＳＮＳ）が影響力を高め、口コミが価値を持ついまの世の中では、ビジョンが話題になって企業のブランドが構築されるケースもある。異なる言語や文化を持つ人々の相互理解を促して広く社会に訴求するようなビジョンは共同事業の機会も増やすはずだ。

日本でブランド磨き海外へ

これまで5回にわたって、このシリーズのまとめとして、これからの日本で新たな市場を拓くために必要な論理を考察してきた。一方、多くの日本企業が新たな市場を求め、海外での事業展開を強化しようとしている現実がある。

グローバル化の背景には、少子化による人口減少などで国内に新たな市場を求めることがますます困難になるという見通しがある。グローバル化を目指す企業については今後のシリーズに譲るとして、ここでは国内市場の大切さを論じる。

グローバルな時代だからこそ国内で新たな市場を求める努力を企業は怠るべきではない。グローバル化とは、あらゆる企業や事業の「最適解」ではない。海外での事業展開はリスクも大きく、必要とされる専門性の幅は広がる。自社の限られた経営資源や能力を冷静に見つめると、早急なグローバル化は難しいと考える経営者は少なくないはずだ。このような企業は国内市場に力を入れるべきだ。そこには次のような積極的な意義がある。

国益を考えれば、たとえグローバル時代だといっても、日本で市場を広げる努力を怠らない企業が存在しなければ「国富」は増えない。仮に多くの日本企業が海外で成功をおさめても、そこで稼いだお金を海外で使い尽くしてしまうのであれば、日本という国は豊かにならない。海外での収益を国内に還流させたいと思わせるだけの魅力的な製品やサービスが、これからも日本にあふれている必要がある。

企業が国益より自社の利益を優先させる場合でも、国内市場における製品やサービスの評判は、海外で成功するために必須ともいえる武器になる。顧客の目が厳しい日本の競争環境で生き残るブランドであれば海外でも支持される可能性が高まる。日本での名声はグローバル時代だからこそ必要なのであり、その蓄積が求められるのだ。

第Ⅳ章　グローバル展開に挑む

1

武田薬品工業社長　長谷川閑史氏

Point

- 都合の悪い将来を否定しない
- 「なにもやらないリスク」は高い
- チャンスとリスクを見据え、果敢に行動

必要と判断すれば困難いとわず

ドイツと米国に計13年間駐在、医薬国際本部長などを経て2003年、社長に就いた。創業家出身の武田國男前社長は在任10年で株式時価総額を約3兆円分も膨らませた「カリスマ経営者」。前社長が残した資金を生かして目前に迫る課題を解決するのが使命だった。

前社長は経営資源を医薬品に重点配分し、前立腺がん治療薬の「リュープロレリン」など4つのグローバル製品を海外市場に投入した。その一方、食品や化学品など非医薬品部門に社内カンパニー制を導入し自立を促した。各分野のトップ企業と合弁会社を設立し、最後は合弁相手の企業に売却した。どの事業も利益をあげていたが、収益性の高い医薬品事業に経営資源を集中すべきだと判断したからだった。

会長（09年6月に退任）となった前社長と二人三脚で経営のかじ取りを始めた。09年3月期まで18期連続の増収。順風満帆のスタートではあったが、その間にも大きな課題が迫ってきた。主力薬の特許が相次ぎ失効、売り上げが激減する「2010年問題」だ。とても強い危機感を持った。

新たな収益源として期待されるがん領域などでの新薬開発は、急には進まない。そこで約2兆円の手元資金を使い開発力の高い米欧などの有望な企業の買収を進めようと考え、05年から着実に実行してきた。

私は物事を論理的に考えるタイプだ。事実を積み上げ、推測される将来を、自分に都合が悪いからといって否定することはしない。熟慮の末に必要と判断したら、実現に多少の困難を伴っても迷わず実行する。経営者として身につけた基本動作だ。真のグローバル企業に向けた変革は避けられない経営課題であり、2010年問題が背中を押してくれた。

同じ場所にはとどまれない

当社の代名詞は自前主義の研究開発と無借金経営だった。低分子化合物の技術に優れ、生活習慣病などで医薬品業界をリードした。だが、当社の将来を担う新薬開発で壁にぶつかっていた。

そこで05年、創薬研究の米バイオベンチャー、シリックスを買収した。当社初の買収だ。07年には英バイオベンチャーも傘下に収めた。この2例は買収のノウハウ蓄積にも役立った。

買収先に求める条件は、研究開発力、開発品、販売地域、人材、製造能力などで当社にはない強みを持つことだ。

08年、がん領域の研究開発と販売の基盤を持つ米バイオ医薬品企業、ミレニアム・ファーマシューティカルズを約9000億円で買収した。当時は企業買収の専門部署を持たず、先頭に立ち交渉をまとめた。これで販売が順調な抗がん剤と複数の開発品、専門家を獲得。複数の有望な新薬が後期の開発段階にあり、数年で製品にできそうだ。

11年にはスイスの製薬会社、ナイコメッドを約1兆1000億円で買収した。同社は新興国市場に幅広い販売網と優れた実績を持つため、先進国中心に事業を展開してきた当社の歴史を塗り替える可能性を秘めていた。役員の多くは当初、この買収案を必ずしも積極的に支持しなかった。理由は⑴ナイコメッドにはイノベーションを期待できない⑵新興国市場はリスクが大きい⑶巨額の借金をしてまで買収する価値があるとは思えない――など。

何度も議論を重ねたうえで私から「ナイコメッドを買収するリスクよりも何もやらないリスクの方がはるかに高いのではないか」と問いかけ、合意を取り付けた。リスクを恐れず変革に挑む。これは経営者としての信念である。世界の医薬品市場は急速に変化しており、当社だけ同じ場所にはとどまれない。高い成長を見込める市場に進出し事業を拡大することが生き残りにつながる。

「タケダイズム」で求心力

グローバルな経営にふさわしいガバナンスの構築に取り組んでいる。09年6月には

都内で外国人役員らと話す長谷川社長（左端、2012年11月）

「グローバル・アドバイザリー・ボード」という組織を設けた。他のグローバルな製薬会社で経営経験を持つ4人の社外アドバイザーと当社幹部がさまざまな課題について意見を交換する場だ。

4人のうち、ドイツのバイエルヘルスケア元会長であるフランク・モリッヒ氏、英グラクソスミスクライン元取締役の山田忠孝氏の2人には11年6月、当社の取締役に就任してもらった。

いまの社内取締役7人のうち外国籍は3人。09年から取締役会は英語で進めている。グローバル化を推進するには経営陣が率先する必要があると判断したからだ。

海外企業の買収を進めた結果、当社の経営理念をぶれずに実践しながらグローバルな視点で業務ができる人材が必要になった。世界の従業員は計約3万人だが、日本に勤務するのはこのうち約9

千人にすぎない。グローバル化と多様化への対応を迫られている。07年から毎年約30人の国内外の幹部クラスにグローバルリーダーシップ研修を実施している。チームごとに課題を検討、経営陣に提言する。

人材採用でもグローバル化を意識している。近隣諸国や地域の主要大学などに人事担当が直接出向いて採用している。

外国人を含む多様な人材を束ねるのは難しいが、「誠実」を柱とする経営の基本精神「タケダイズム」で求心力を高めている。２３０年を超える当社の歴史で培われた精神には普遍性があり、世界で通用するはずだ。

自社技術には執着しない

次世代の創薬技術といわれる多くの新技術が開発されている。だが、どの技術が成功するのか見極めるのは難しく、自社だけですべてをまかなうのも現実的ではない。米国では食品医薬品局（ＦＤＡ）が承認する医薬品の約6割を、大手でないベンチャー企業などが生み出している。大学やバイオベンチャーの動きを注視し、創薬技術や新薬候補物質などをタイミング良く導入するしかない。自社研究を高めつつ共同研

研究開発費と売上高比率

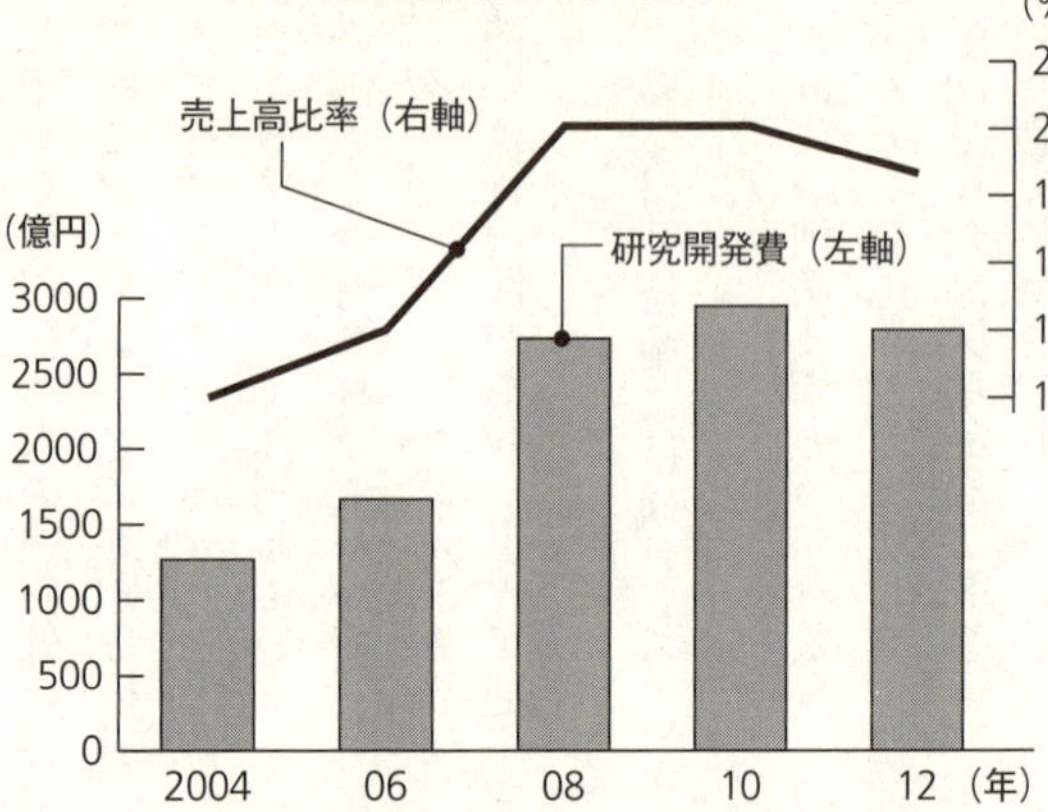

（出所）武田薬品工業決算資料、3月期、連結ベース

究が軸の「オープンイノベーション」を推進、自前主義に過度にこだわっていた風潮を変えようとしている。

自社技術への執着を排し、新分野に挑戦する研究者を育てるため、社外の人材によるショック療法が必要になった。

11年に本格稼働した湘南研究所（神奈川県藤沢市）はこの考えを実行するための拠点である。大阪市と茨城県つくば市に分かれていた研究部門を統合、化学合成と生物系の研究グループを隣り合わせで配置した。

研究所を開く際、疾患領域ごとに150人前後で構成する合わせて5つのユニット（集団）を発足させた。それぞれに多様な国籍や経験を持つリーダーを配した。各リーダーには予算配分、人事、外部ライセンス導入などの権限を与えた。12年8月には外部から著名な研究者を招き、共同で研究する「湘南インキュベーションラボ」を始めた。

当社の研究開発投資は年間約3000億円で売上高比率は約20％。成長の源泉となる新薬を充実させるため開発案件を定期点検、優先順位が高いプロジェクトに経営資源を集中させる計画だ。

世界4地域で売上高バランス

世界経済と医薬品産業の構造は似ている。これから10年は世界経済の成長の6割以上を、いまは国内総生産（GDP）総額の4割にとどまる新興国が生み出すだろう。医薬品産業の成長も、7割は現在の市場占有率が約25％にすぎない新興国が担う見込み。買収したスイス製薬企業ナイコメッドは新興国戦略の要だ。

12年5月には12〜14年度の中期経営計画を公表した。新興国を成長のドライバーと位置付け、当社全体の売上高で年平均5％の成長を目指している。成長のパイを確実に得るために積極的に投資する。ナイコメッドが新興国に張り巡らした販売網を活用しながら事業を拡大する方針だ。

ロシアで高品質の医薬品を安定供給する現地工場を稼働させた。ブラジルでは中間層が多く住む地域に基盤を持つ一般用医薬品メーカー、マルチラブを買収した。中国では15年度までに医薬情報担当者（MR）の数を2000人以上とし、15年度の売上高を500億円以上にするのが目標だ。

これと並行して日本では製薬企業ナンバーワンの地位を堅持する。生活習慣病での強い営業基盤を維持しながら、がんや中枢神経疾患の領域にも新製品を投入する。当社の国内MRは約2000人。個々のMRが幅広い製品の情報を提供する独自の仕組みは同業他社にない強みであり、さらに競争力を高めていく。

今後は日本、北米、欧州、アジア・新興国の4地域ごとの売上高比率をバランスのとれた形にしていくことが理想だ。

私たちは変化が激しく、先を読むのが困難な時代を生きている。製品と販売地域を多様化、バランスをとらないと安定成長は難しい。世界のチャンスとリスクを見据え、果敢に行動すればハードルを乗り越えられると信じている。それは「世界中の人々の健康と医療の未来に貢献する」という経営理念を実現する道へと続いている。

2

ユニ・チャーム社長　高原豪久氏

Point

・海外で製造と販売を「垂直統合」
・社員に会社方針の明確なメッセージ発信
・正しいタイミングでスピーディに

進出先でトップメーカーになる

当社が製造、販売している紙おむつ、生理用品などは生活に密着した日用品だ。人口減少が続く国内市場において同業他社との競争に明け暮れているだけでは、成長は見込めない。新たな市場を自ら切り開くことが重要なのだ。中国、インドネシアをはじめとする新興国の開拓はその一つだ。

2012年3月期の売上高は連結ベースで4283億円で、このうち海外比率は47%だった。海外比率は05年3月期が24%だったので、この間の7年で2倍になった格好だ。売上高に占める海外比率は早期に8割程度まで高める計画である。

初めて海外に進出したのは1984年。当初は台湾などの日用品メーカーの要請を受け、製品を輸出した。こうしたメーカーが自社の販売網で売るためだ。販売量が増えたため、90年代半ば以降は販売ルートを自前で開拓。さらに中国、インドネシア、ベトナムなどでは現地生産も始めた。01年に社長に就いてからは、こうした海外進出を加速させている。

新興国では高率の経済成長で人々の生活が豊かになり、それまで使っていなかった紙おむつや生理用品なども受け入れるようになってきた。当社の戦略は進出先の国で新たな市場をつくり出し、その製品のトップメーカーとして認知されることである。それはある種の先行者利益であり、有利に販売を続けられる。

一からビジネスを立ち上げれば、製造だけでなく販売条件や流通経路も当社の方針通りに作り上げることができる。こうした進出先での「垂直統合」こそが大きな利益を生む。実際に中国を含むアジア地域における売上高営業利益率は上昇を続けている。これは12年3月期では15%に拡大した。すでに日本国内の営業利益率を上回った。

10年先を予測し戦略たてる

新興国市場に対する当社の戦略をもう少し詳しく述べる。

当社は戦略をたてる際に、まず10年先を予測する。海外市場に関して特に重視するのは人口動態だ。これから出生数が増える国や地域はどこなのか、どの国や地域がいち早く高齢化が進むのかと予想していく。さらに投入する商品の普及の度合いや、現地の小売業の様子、競合する他社との競争環境を分析する。

こうしたさまざまな要素を考え、新たに進出する国や地域を決める。

紙おむつや生理用品の潜在需要が多いわりに普及率が低めにとどまっている市場は魅力的だ。こうした国や地域には、特に小売市場で小規模な競合他社が無数にあり、競争ルールが確立していない場合が多い。こうした市場には早期に参入、製造や販売で主導権を握るため積極的に投資する。

一方、米欧諸国の成熟市場では、小売業も数社の大規模チェーンが寡占化している。メーカーも数社で圧倒的なシェアを握っているケースが多い。その場合は現地でパートナー企業を見つけ、製造に関しては技術供与のライセンス契約を結び、手数料を得るビジネスを展開している。

進出する国や投入する商品は、10年後の市場の姿を予測して決める。日用品は市場にいったん定着すれば消費者の信頼を得て、大きな収益をあげることができる。

日用品は1人当たりの経済規模が一定水準を超えると普及が進む傾向がある。例えば生理用品は1人当たりＧＤＰが１０００ドル、子供用紙おむつは同３０００ドルが目安とされる。

アジア各国・地域では断トツのシェア獲得を目指しているが、他の新興国も忘れてはいない。中東・北アフリカ諸国も重点的に市場を開拓する地域の1つだ。12年にはエジプトで紙おむつなどの工場を稼働させた。同国は人口増加率が年２％前後と高く、大きな需要増が期待できる。

異文化を製品に生かす

困難の多い海外事業を成功に導くには、とりわけ優秀な人材の力が必要だ。当社は20年以上の社歴を持つ〝エース級〟を、10年間は赴任先に滞在することを前提として海外に送り出している。

地域別の売上高営業利益率

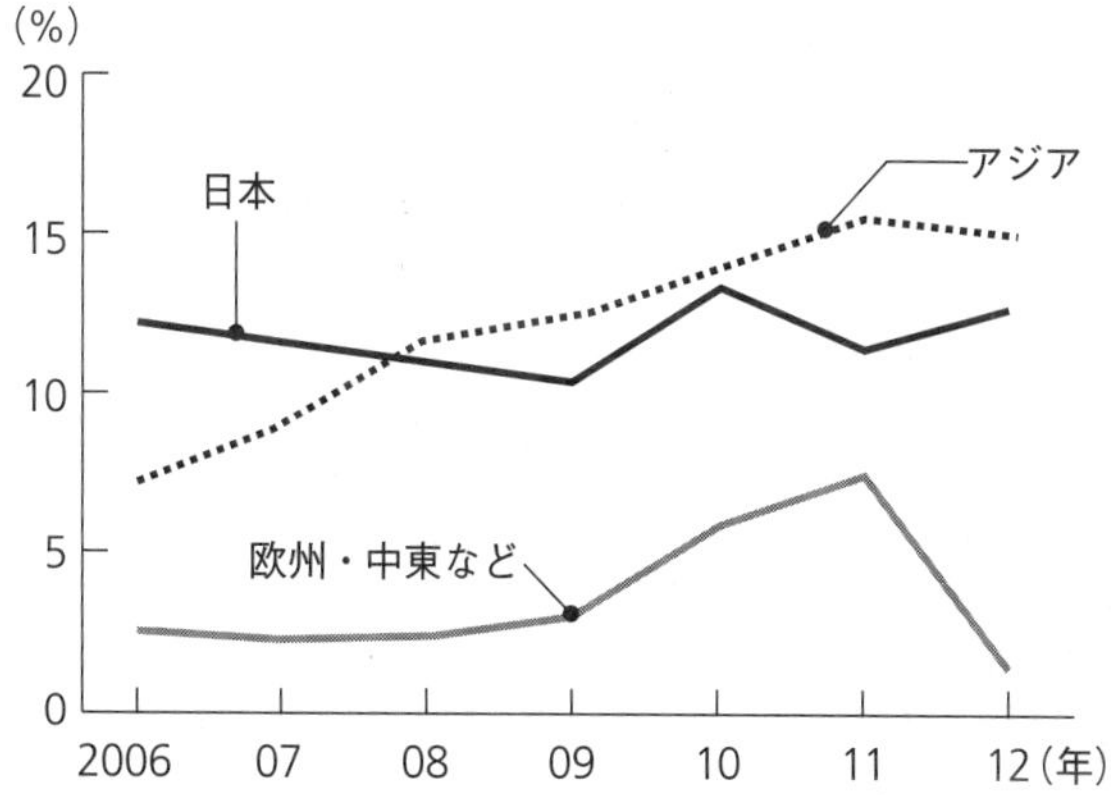

(注)ユニ・チャーム資料から、各年3月期、連結ベース

現地で採用したスタッフは、本社から派遣されてくる社員を厳しい目で見ている。仕事のやり方をしっかりと伝えるには優れた能力が必要だ。現地に腰を落ち着けることで、その土地の習慣や文化への理解が深まる。この知見を生かせば製品やマーケティングの質を高めることができる。

例えば、東南アジアの一部には使った後の生理用品を水で洗ってから捨てる習慣がある。そこで当社が同国で販売する生理用品は水で汚れが落ちやすい素材を使い、消費者に高い評価を受けた。

10年間という長期の海外勤務は過酷だと思われるかもしれないが、社内では「ぜひ海外に行きたい」と手を挙げる社員がたくさんいる。これは会社が「海外展開を加速する」という明確なメッセージを発信しているからだと思う。現在の当社役員のうちほぼ半数が海外での勤務経験を持つか、海外に滞在している。

グローバルで通用する人材の育成というと、社費での英語研修などを思い浮かべるだろう。だが必要に迫られない勉強は効率が悪い。当社では外国語について全社一斉の研修や試験などは課さないが、海外赴任の1、2カ月前に現地での生活をスタートさせる。そこで語学教室に通わせる。そのために人材のローテーションには余裕を持たせている。会社の負担にはなるが、一律の研修に比べ、よほど効率的だ。

冊子で全社員が価値観を共有

当社ではグローバルに活躍できる人材を「共振人材」と呼ぶ。海外市場の環境変化は激しい。対応策を自ら考え、周囲を巻き込んで問題を解決していく「共振」ができる人材を選んでいる。

多くのグローバル企業では社員の担当ごとに細かく役割を決め、その範囲で働くのが一般的なスタイルなのかもしれない。だが、それでは大きな成果は期待できない。

共振人材には人種も国籍も関係ない。ただ業務内容が違うと、ある程度は共通したスキルや価値観を持っていなければ議論や意思決定のスピードが落ちる。そこが役割を決めるやり方と異なる。

05年には、全社員が共有すべき価値観や行動規範などを明文化した「ユニ・チャームウェイ」という冊子を作った。歴代経営陣の重要な言葉をまとめた「ユニ・チャーム語録」や当社の経営指針を示した「マネジメント・ハンドブック」など10資料をバインダーにとじ込んである。

この冊子は英語、中国語、インドネシア語、ベトナム語など、当社の拠点がある各地の言語に翻訳し、世界中の社員が携帯している。

いまは世界に1万9千人のグループ社員がいるが、このうち日本の法人に所属するのは2割にすぎない。言語や文化の壁を越え、当社の強みを生かすには「ユニ・チャームウェイ」のような形式知が必要だと考えた。

この冊子があれば「10ページ目に書いてあることを実践せよ」と指示するだけで、どの国の従業員にも同じ内容が正確に伝わる。単純だが企業経営には重要なことだ。

海外と国内の情報交換も密だ。各拠点をテレビ会議システムで結び、情報の鮮度を保っている。

世界中の拠点で週1回は仕事の進行状況を確認し、計画を練り直す仕組みを実践している。そこで洗い出した課題や情報はテレビ会議で即座に共有する。拠点間で補い合うことで、思わぬ解決策が見つかることもある。

タイミング・スピード重視

ベトナムは注目している新興国の一つだ。人口が9000万人弱に増え、識字率は高く、一段の経済成長が見込める。米欧企業の影響力が比較的小さく、日本企業のチャンスは大きいと考えている。11年には現地の紙おむつと生理用品の製造販売大手、ダイアナを買収した。

それまでの海外進出では現地工場と独自の販売網を自前で用意してきたが、今回は現地企業を傘下に収めることでスピードを優先した。同業他社との競争が激しくなっているためだ。商品力や資本力の高い企業が競争に勝つとは限らない。正しいタイミングでスピーディーに事業を進めることが大切だと痛感する。

海外市場をにらみ、事業の多角化にも取り組んでいる。これから伸ばしたいのはペットフードや小型犬向けの尿吸収シートをはじめとするペット用品だ。こうした製品

ベトナム・ハノイのスーパーで紙おむつ売り場を視察する
高原社長（2012年6月）

には、紙おむつや生理用品などで培った不織布、吸収体の技術を生かせる。

ペット用品は先進国でも一段の市場拡大を期待できる。日本では子どもが独立した高齢者世帯がペットを飼うケースが目立っている。将来は中国など新興国でもニーズが高まるとみられる。所得が増えて生活の余裕が大きくなると、ペットを飼う人が増える。都市では室内で飼育するネコや小型犬が好まれる。ここでもタイミングを逃さずスピード展開をしていく。

当社のペット用品の世界における売上高は12年3月期が595億円と全体の2割に満たないが、伸び率は前期比25％と高い。日用品と並ぶ2本目の柱に育てるつもりだ。

3 三菱ケミカルホールディングス社長　小林喜光氏

Point
・先進国の技術独占は幻想
・もうからなくてはビジネスでない
・国境の存在忘れ、地球規模で検討

シェア上位製品は海外で増産

忘れられない光景がある。1972年から73年にかけ、イスラエルの大学で放射線科学を研究した。休みに妻と2人でいまはエジプト領のシナイ半島を1週間旅した。生命のかけらもなさそうな広い砂漠を黒いヤギの群れを連れたアラブの女性が1人で歩いているのを見た時、鼓動が速まった。「人は生きているだけで素晴らしい」。〝啓示〟

を受けた気分になった。

生きる意味を見失いかけていた私は変わった。その後イタリア留学を経て東大大学院に戻り、74年末に当時の三菱化成工業（現三菱化学）に中途入社した。いまでは三菱化学、三菱樹脂、三菱レイヨン、田辺三菱製薬の4事業会社を傘下に置く三菱ケミカルホールディングス（ＨＤ）の社長を務めるが、仕事でつらいことがあるたびに砂漠の光景を思い出す。「まだ戦える」と考え直せる。

２００７年４月に社長に就いてから６年近く、揺らがないのは「国内で縮小、海外では拡大」という原則だ。連結の売上高における海外比率は12年３月期で37％だったが、15年３月期では45％に高める目標をたてた。

国内はエネルギー多消費型から省エネルギー型に転換。主に縮小するのは石油化学事業だ。たとえば塩化ビニールやスチレン系樹脂など世界でコモディティー（汎用品）になっている製品は国内生産を減らしていく。

一方、汎用品の中でも世界シェアで１、２位のような有力製品は海外での生産、販売に集中投資する。代表はポリエステル原料のテレフタル酸、アクリル樹脂になるメチルメタクリレート（ＭＭＡ）など。これらはインド、中国といった新興国を中心に事業を展開していく方針だ。特にＭＭＡは堅調で、サウジアラビアや米国に新プラントを建てる予定である。

先進国の技術独占は幻想

ひと昔前はコモディティー（汎用品）をコストの低い海外で生産、日本では高機能品を作るビジネスモデルがささやかれた。だが、そんな単純な話ではなくなった。

電気自動車に使うリチウムイオン電池の部材が好例だ。3年ほど前には当社と自動車メーカーの〝日本連合〟で技術を囲い込めると考えた。だが、韓国メーカーなどが瞬く間に生産を増やし、日本の自動車メーカーも生産の海外移転を進め、現地での調達を増やした。

先進国が技術を独占できるという考えは幻想である。自動車や関連する電子部品は分解すれば中身がわかる。「これで安定的にもうかる」などという製品は存在しない。市場に出して2、3年たったら新興国のメーカーなどにまねされる。製造業は海外に行くだけで勝てるわけではない。当社のようにメチルメタクリレート（ＭＭＡ）をはじめとする競争力の高い製品に絞るか、日本でヒットした商品を良いタイミングで海外に持っていく努力が必要になる。

連結売上高の内訳

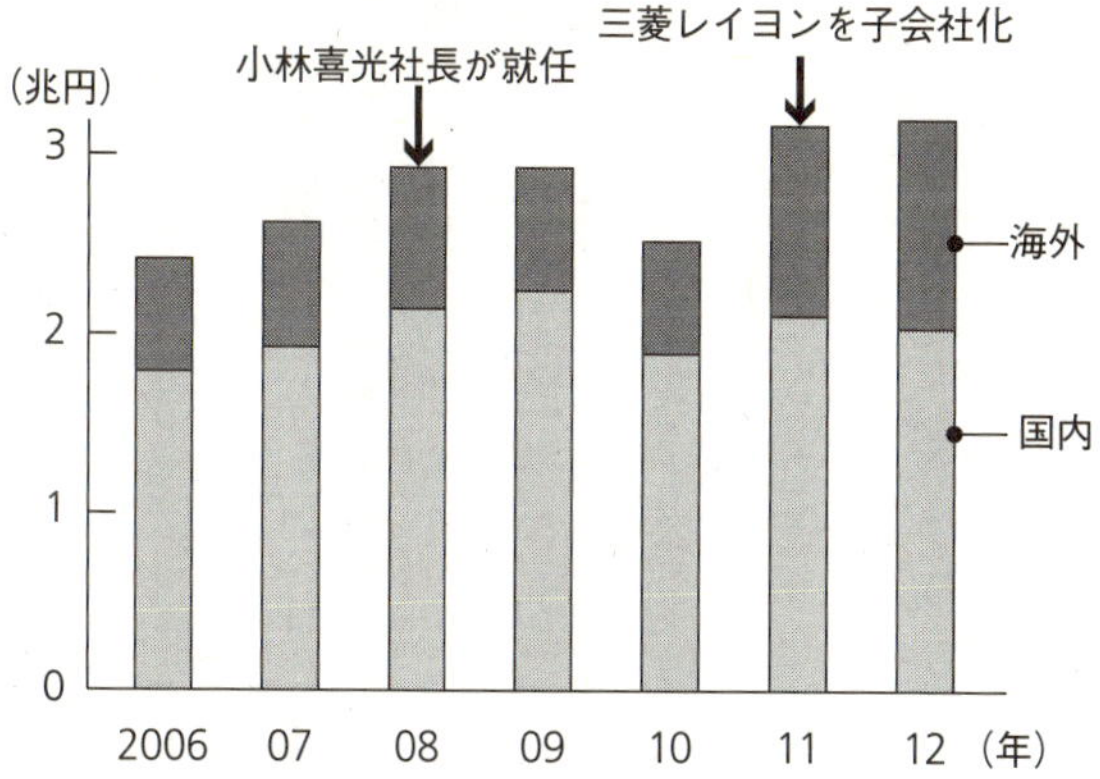

(注) 3月期、三菱ケミカルホールディングス決算資料から作成

国内では健康、環境の2分野でイノベーションに取り組んでいる。グループの田辺三菱製薬による創薬だけでなく、診断薬、検査機器、カルテ管理に関わるＩＴを組み合わせて健康を管理するヘルスケアソリューションにも力を入れている。

環境部門の省エネルギー製品は発光ダイオード（ＬＥＤ）や有機ＥＬなどが軸。たとえばＬＥＤを光らせる窒化ガリウムのような材料をつくる技術は中国や台湾がキャッチアップできない当社独自の〝秘伝のたれ〟として確保していきたい。

「時代の風」を読み生産委託

転機は96年6月、三菱化学メディアの社長就任だった。仕事は光ディスクなど記録メディアの製造や販売。インドや台湾の企業の低価格攻勢で赤字が続き、00年9月には親会社である三菱化学の経営会議では「02年4〜6月期に売上高営業利益率5％を達成しなければ記録メディアから撤退」と最後通告を突きつけられた。

光ディスクは伸びる事業だと思ったが、「もうからなくてはビジネスではない」が信条。経営は〝時代の風〟を読んで、変えないといけない。追い込まれ、温めていた案を実行した。色素など基礎的な部材生産↓ディスク製造↓ブランドをつけて販売という一連の過程のなかで、最も付加価値の低いディスク製造を切り離し、海外メーカーに委託すると決めたのだ。

委託先は競争相手だった台湾、インドのメーカー。台湾企業にはアイルランド、米国、メキシコの工場を売却した。両社が製造したディスクを三菱化学メディアが独自の世界ブランド「バーベイタム」で売るOEM（相手先ブランドによる生産）だ。条件は⑴三菱は技術を有料で伝授　⑵必要な色素などは三菱から購入　⑶三菱指定の

インド企業への生産委託記念碑
（2003年9月、ニューデリー、左から5人目が社長）

製造機器を購入――などだった。

当時の世界の電機業界がすでに取り入れていた工場を持たないファブレス経営は、記録メディア業界でなお先進だった。三菱化学メディアの最終損益は03年3月期に黒字転換。その後、親会社の三菱化学に呼び戻され、研究開発担当の役員に就任。07年4月、グループ持ち株会社の三菱ケミカルＨＤの社長に就いた。

「KAITEKI」企業になる

三菱ケミカルHDは「The KAITEKI Company（ザ・カイテキ・カンパニー）」を自称している。「カイテキ」とは「社会と共生しながら心地よい状態の地球を次の世代に残す」という意味だ。グローバル展開を進めるのだから、製品を販売するだけではなく、この概念を世界の企業に広めたい。各国で使われる「カイゼン（改善）」のように。

カイテキは社長になってから前面に出しているが、05年4月に就いた三菱化学の研究担当常務の時代から考えていた。研究開発は10年、20年といった時間がかかる。だからテーマ設定もそのくらい先の世界を見通さないとできない。外部コンサルタントとも議論した結果、環境・資源、健康、快適の3つが重視される時代になると予測した。カイテキはこの3要素を含意する。

会社の「カイテキ度」を測る指標として編み出したのがMOS（持続性のマネジメント）だ。環境・資源（二酸化炭素排出抑制など）、健康（創薬や予防医学など）、快適（企業の信頼性や満足度の向上など）の3要素ごとに評価基準を設け、事業を採点する。企業活動がどのくらい「カイテキ」に貢献しているのかを測定する狙いだ。

三菱ケミカルHDについては採点初年度の12年3月期は177点だったが、16年3月期には満点の300点を目指す。今後は傘下の三菱化学、三菱樹脂、三菱レイヨン、田辺三菱製薬の4事業会社と各事業部ごとにも採点して結果を公表する。

経営者の大きな仕事の1つはコンセプト作りである。カイテキとは別に社内モットーとして定めた標語が「アプトシス」。英語とギリシャ語の合成で「適切な状態」という意味だ。さらに4事業会社の社長らをミッションコーディネーターに任命。医療、化学など異なる分野を融合させた新しい製品やサービスを作り出すように求めている。

日本人は「和僑」になるべきだ

製造拠点が海外に相次ぎ移転する「空洞化」への警告には違和感を覚える。米国、英国、ドイツなどはすでにこうした空洞化を経験した。米欧企業は日本企業よりも大胆に海外直接投資を実行し、最も効率の良いところで生産している。だが、最後のもうけは自分の国に持って帰る。それがひいては国を富ませる。

「グローバル化」という表現を米欧の経営者はあまり使わない。彼らがよく発する単語はテクノロジーやイノベーションだ。米IBMなど先行するグローバル企業の経営者は地球儀を前に世界のどこで製造、販売、お金をためれば課税額が最も少なくなるかを考えている。国境の存在を忘れ、地球規模で検討する必要がある。

日本の高い法人税率は直接投資の受け入れ額を抑え、円高はコモディティーから輸出競争力を奪う。当社は日本で生まれた企業だが株主の2、3割を占める外国人の意向も聞かないといけない。傘下の事業会社を含め役員に外国人は少ない。グローバル化と人材の多様化の両面でなお後れをとっている。

これからの日本人は「和僑《わきょう》」になるべきだと思う。世界中に散らばる中国系は華僑、インド系は印僑と呼ばれるが、日本人も世界に打って出て100年、200年という長期で数世代にわたって滞在するくらいの覚悟でないと世界で戦える人材は生まれない。企業も同様だ。ただ、個人も企業も海外で〝日本人の心〟を忘れると根無し草として流浪の民になってしまう。

経営は科学と芸術の融合である。収益性を冷徹に計算する一方、日本人の優れた点とされる他者への親切心や〝もてなしの心〟といったソフトの部分を生かした新たな製品やサービスを生み出すべきだ。安倍晋三首相を議長とする経済財政諮問会議のメンバーを務めるが、この会合でもこうした話をしていきたい。

読み解く

慶応義塾大学教授 浅川和宏氏

Point

- 新興国と先進国で価値基準の異なる経営両立
- 買収後の組織統合は忍耐強く
- 「形式知」を整備、「暗黙知」を共有

海外進出に二律背反の目標

経営のグローバル化はジレンマも抱える。グループ内での標準化か現地適応か、本社への集権か分権か、という二律背反の議論は米欧でもかなり以前から続いていた。

1980年代後半にC・K・プラハラード（米ミシガン大）とイブ・ドーズ（フランスINSEAD）がこうした目標は両立すべきだと唱えた。

さらにクリストファー・バートレット（米ハーバード大）とスマントラ・ゴシャール（英ロンドンビジネススクール）がグローバル統合と現地適応を両立できる経営を「トランスナショナル経営」と呼び、グローバル経営のモデルにすえた。

最近はさらに複雑なジレンマがある。米欧の競争力が相対的に低下する一方、中国やブラジルのような新興国の地位が高まっているためだ。新興国は単なる大市場ではなく、生産力が向上する。

新たなジレンマは　(1)自国の優位を生かしながら自国中心主義の弊害をどう克服するか　(2)自社の経営資源を活用しながら自前主義の弊害を回避できるか　(3)先進国で経営を維持しながら固定観念にとらわれず新興国向けにもビジネスを展開するのは可能か――などだ。

新興国と先進国ではしばしばビジネスの仕組みが異なるが、いかに価値基準の異なる経営を両立しうるかが鍵といえよう。こうした多元的社会においては、最も優れた経営ではなく最も適応力のある経営こそ威力を発揮すると考えられる。

今回のシリーズに登場した武田薬品工業、ユニ・チャーム、三菱ケミカルホールディングス（HD）の3社はいずれもトップがグローバル化を目指すと明示するとともに、必要なマネジメントの仕組みを整備した。次回からはグローバル経営の諸課題をめぐるテーマを抽出、論点を明らかにしていく。

研究開発の外部・自前は柔軟に

近年の急速なイノベーションにより、日米欧の多くの企業は自前主義での技術開発の限界を悟った。研究開発（R&D）で外部と連携するオープン化の流れが加速している。

外部の企業や団体の資源を活用すれば、最先端の技術や知識を素早く効率よく獲得できるので魅力的だ。だが、自前の技術開発が利点を失ったわけではない。外部連携を進める場合でも、他の企業や団体から最先端技術の知識を探し、獲得し、活用する能力が求められるからだ。これは「吸収能力」と呼ばれる。社内での地道な技術開発の努力で得られる力だ。

技術を外部に依存する「オープンイノベーション」で成功した企業は社内に強い技術力を保有する。米企業のIBMやプロクター・アンド・ギャンブル（P&G）などが、その典型例である。

武田薬品工業はオープンイノベーションを推進すると同時に、R&Dへの投資も充実させる方針だという。社内外の技術のバランスを保つ一つの方法である。オープンイノベーションは短期的には効率が良いが、長期的には自社固有の技術開発能力を弱体化させる可能性がある。外部依存、自前主義のいずれも過度にせず、適度なバランスを保つことが重要なのだ。

海外でオープンイノベーションを進めるには、経営トップの強い支持と理解が欠かせない。特に自国の技術優位や自社の競争力が高い場合、現地法人による外部とのR&D連携は本社から、リスクの割にメリットが少ないと考えられがちだ。さらに一般には、本社の研究者が社外発の技術に強い反発心を抱くことが多いともいわれる。

このようにオープンイノベーションには障害も多い。だからトップが大局を判断、海外の大学やベンチャー企業などとの連携の重要性を社内に明示して主導する必要がある。武田薬品工業の長谷川閑史社長のリーダーシップは注目に値する。

買収後の組織統合は忍耐強く

企業買収による海外展開の利点は多い。足りない技術、資金、人材といった経営資源を進出先で迅速に確保できる。現地での事業ノウハウも学べる。自社ブランドの認知を短期間で高めるうえでも企業買収は有効だ。

ベンジャミン・ゴメスカサレス（米ブランダイス大）は買収を含む企業同士の戦略的提携の主な目的として⑴サプライ（供給）⑵ポジショニング（位置取り）⑶ラーニング（学習）をあげた。

再び武田薬品工業の事例を見よう。同社にない製品や専門家を獲得した（供給を受けた）米バイオ医薬品企業ミレニアム・ファーマシューティカルズの買収はサプライ型だ。新興国市場に幅広い販売網を展開するスイスの製薬会社ナイコメッドの買収は市場における地位向上を狙ったポジショニング型と分類できる。米英のバイオベンチャー買収はノウハウ獲得が狙いの学習型といえる。

海外企業の買収には課題も多い。買収先を選ぶ段階では、相手企業の思惑を十分に理解できない場合がある。そうなると経営理念、価値観、戦略の方向性が自社と融和するかどうか不透明だ。交渉段階での徹底したコミュニケーションが必要だが、実際には時間に余裕がない場合も多い。

交渉相手がなじみのない企業の場合、中途半端に時間をかけると社内の反対で買収が中止になる例もある。ロバート・スペックマン（米バージニア大）は、こうした流動的な環境で買収先選びに長い時間をかけない企業が極めて多いと論じる。

企業買収後の両組織の統合も簡単ではない。買収に伴う企業理念、企業文化、戦略、システムの変革も容易ではない。結果的に短期間で統合を解消する例も珍しくない。

だからこそ、買収後の組織統合を忍耐強く進めていく覚悟が経営トップには求められる。組織統合を促す熱意やコミットメント、成功に対する確信を抱き、強く示さないと経営はできないのだ。

新興国は技術革新の宝庫

新興国でもイノベーション（技術革新）が起こる。イブ・ドーズ（フランスＩＮＳＥＡＤ）は「まさかと思われる場所」も含めた世界中から知識や情報を獲得、それを活用して世界規模で優位性を構築する「メタナショナル経営」を唱えた。

三菱ケミカルホールディングスの小林喜光社長も、先進国の技術独占は幻想だと語った。汎用品は海外、高機能品は国内で生産という「単純な話ではなくなった」という指摘の背景にはメタナショナル経営がある。先入観にとらわれる「認知的ロックイ

新興国でのイノベーションは先進国にも波及

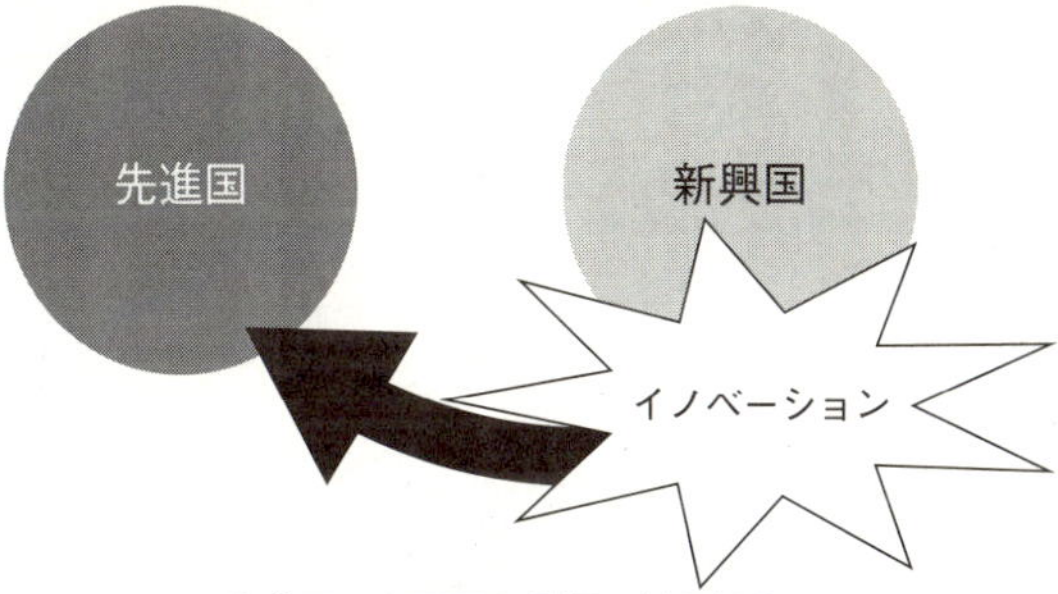

先進国でも需要を発掘し製品投入

ン」はグローバル競争で足かせとなる。

ユニ・チャームは10年先の市場を予測して新興国戦略を策定する。潜在需要を予想するには、固定観念にとらわれず高度に研ぎ澄まされたアンテナ役となる有能なスタッフが必要となる。同社の高原豪久社長の考えもメタナショナル経営の発想に基づいているのだ。

新興国では先進国の高機能・高付加価値型と異なり、生存に不可欠な質素な（フルーガル）需要に応えるタイプのイノベーションも起こる。電力や通信などインフラの不整備、原材料や資金の不足、購買力の欠如などの制約条件を克服する「フルーガルイノベーション」と呼ばれる。新興国で起きた後に先進国でも応用されることがある。

これは米ゼネラル・エレクトリック（GE）のジェフ・イメルト会長兼CEOらが唱える「リバ

ースイノベーション」につながる。シンプルな機能の低価格品を新興国向けに開発・販売、次に先進国にも投入する。新興国はイノベーションの宝庫だ。

「海外事業は重要」と強く示す

海外進出によって企業の組織のグローバル化が進むと、スタッフの国籍、文化、言語が多様になり、全体を統合する求心力が求められる。こうした組織を束ねるには運営や作業の標準化だけでなく、対面でのコミュニケーションも求められる。

文書のような「形式知」の整備と同時に、言語への変換が難しい「暗黙知」を共有するコミュニケーションを地道に続けることが有効だ。ユニ・チャームは価値観を明文化した「ユニ・チャームウェイ」を整備したうえで社内コミュニケーションを積み重ね、多様化する組織を束ねている。

グローバル企業をまとめるには、世界に通用する理念や価値観の構築も役に立つ。三菱ケミカルＨＤが掲げる「ＫＡＩＴＥＫＩ」企業は地球の持続性への貢献をアピール。武田薬品工業の「タケダイズム」は、誠実さなど人類の普遍的な価値を柱とする。

Ｃ・Ｋ・プラハラード（米ミシガン大）らは経営の根幹に関わる方向性を「経営の

ドミナントロジック」と呼んだ。グローバル化へのドミナントロジックをトップが示せば社員も安心してビジネスにまい進できる。

ユニ・チャームが打ち出すドミナントロジックは、エース級社員を10年は海外に駐在させるという決定だ。これが「海外事業は重要」というメッセージを強く示すので、多くの有能な社員が海外赴任を希望するのだ。

赴任先の国や地域で独特の慣習やノウハウを学んだ帰任者を本社でどのように活用するかも肝要だ。それでもグローバル人材を日本人だけに求めるという発想には限界がある。日本企業も国籍を問わずに優れた人材を世界中で発掘し、活用していく時代になった。

これはスイスのネスレなど先行するグローバル企業ではすでに普通のことになっている。多くの日本企業にとって、こうした多国籍人材の活用が今後の重要課題となる。

第V章　人材を育てる・生かす

1

ローソン社長　新浪剛史氏

Point
- 思い切って人材を入れ替える
- 外国人、女性の能力を引き出す
- 社員の創造力発揮で組織を活性化

古い価値観の持ち主は退場を

2002年に三菱商事を退職、コンビニエンスストア大手ローソンの社長に就いた。コンビニの顧客は当時、20~30歳代の男性が中心で市場は飽和状態。新たな顧客の開拓が求められていた。

業界の〝常識〟と決別するため、社長になるとすぐ内部の意識改革と外部からの人材獲得に取り組んだ。銀行、鉄鋼、ＩＴなどさまざまな業界から中途入社という形で人材が集まった。企業文化も仕事の進め方も異なる。流通業界しか知らなかった生え抜きの社員が刺激を受け、変わることを期待した。

異業種の人材は役員会にも受け入れた。経営に関わる決定をくだす役員が意識改革をできないと現場も変革しない。執行役員のおよそ半数は外部からの人材と入れ替わった。代わりに役員と社員の1割強が会社を去ったが、古い価値観を変えられなければ退場してもらうしかなかった。

当時のコンビニ業界では店舗を増やし続け「規模の利益」を得ることが上策とされ、店を減らすことは論外。だが不採算の直営店がたくさんあっては健全経営ができず、ブランドイメージは低下して顧客のためにもならない。そこで７０００強あった店舗の約1割を閉めた。改革のため「1度限り」と決めて取り組んだ合理化だった。結果的に当社の業績は上向き、同業他社も追随し始めた。

コンビニは全国一律の商品やサービスを提供する〝中央集権〟が業界の主流だったが、これを排除した。各地に根づいた文化を尊重する形で柔軟な店づくりができるようにした。働く女性を意識した「ナチュラルローソン」、生鮮品を１０５円で販売する「ローソンストア１００」など新コンセプトの店も開いた。思い切った人材の入れ替えで実現した改革だった。

新卒採用で多様化進める

中途採用と並行して進めた改革が人材や店舗の多様化だ。画一でない人材が求められた。

社長に就いた02年の当社社員は日本人の男性ばかり。コンビニエンスストア業界の〝常識〟に染まり、同じようなモノの考え方しかできなかった。だから新卒では女性や外国人を積極採用し、組織を柔軟にしてさまざまな人材が自由に意見をぶつけ合える風土をつくろうと考えた。かつて学んだ米ハーバード大学経営大学院では世界中からの有能な人材が、異なるモノの考え方をベースに議論を戦わせていた。

採用して終わりではない。「地域に貢献する」という企業理念を共有、チームとして動けるようにする必要がある。だがこれには時間がかかる。

企業の最も大きな資産は人材だ。人材の良しあしはバランスシート（貸借対照表）に表れず、育成費用は短期で利益を圧迫する。短期での利益もしっかりと出さなくてはならないが、それを過度に重視し、人材に対する長期の投資をおろそかにしてはい

2012年入社の新卒採用実績

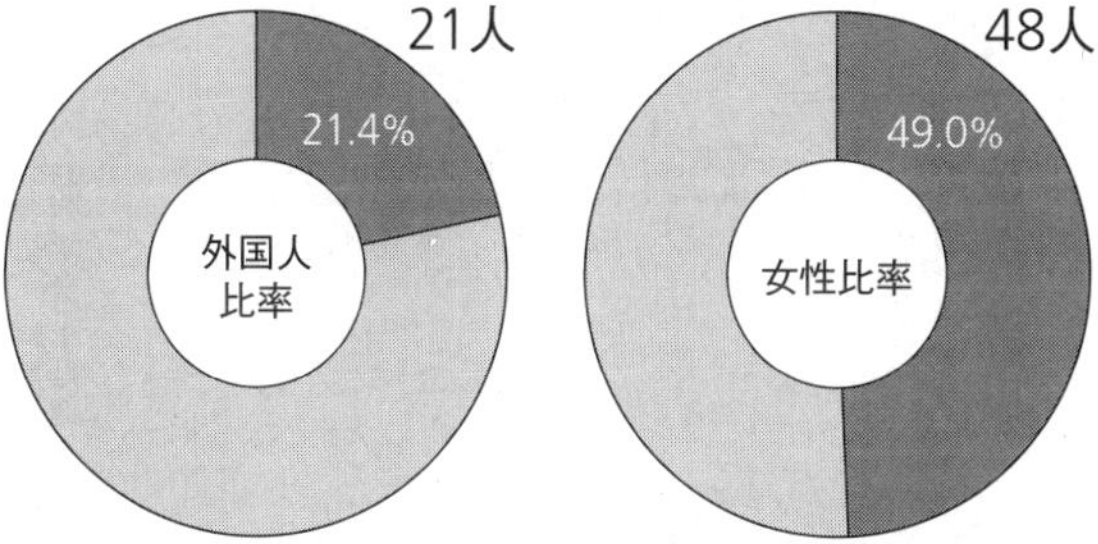

（出所）　ローソン資料

けない。

11年の東日本大震災では人材育成の重要性を実感した。被災した店舗のオーナーやスタッフがそれぞれ独自に判断、可能な範囲で店を開け商品を販売した。支社が自らコメを調達し店で炊き、それでパートタイマーの主婦らがおにぎりを作った。本社スタッフは弁当工場を稼働させるため燃料を遠くから運んだ。こうして不可欠な仕事を的確に判断、実行できた。

仮に震災がその5年前だったら、こうはいかなかったはずだ。時間をかけて人材を採用、組織を再構築した成果が出た。

外国人社員を少数派にしない

当社は新卒を中心に外国人を積極的に採用している。だが、必ずしも出身国に開く当社のコンビニエンスストアで働いてもらおうと考えているわけではない。外国人の処遇や育成方針は日本人とまったく同じだ。異なる文化や考え方を持ち込み、会社を内側から変えるのが主な目的である。

中国、韓国、ベトナムなどアジア諸国・地域からの採用が多い。コンビニのビジネスは日本が世界の最先端で、これを学ぼうと世界から優れた人材が集まってくる。

現在の外国人社員は100人程度で、ローソン単体では全社員の3%ほどだ。5年後くらいには2割程度に高めたい。そうすれば少数派でなくなり、企業文化が大きく変わるだろう。ローソンにはいろいろな会社から移ってきた人が多く、ダイバーシティ（多様化）の要素が潜在的にある。

外国人社員は全般に上昇志向が強く、仕事に対する積極性には目を見張る。日本人は「やらない理由」をつくりがちだが、彼らは「やる理由」を考えて仕事をどんどん前に進める。社長である私に会う機会があると、英語で積極的に質問を投げかけてくる。それを見て、日本人社員の意欲も高まってきているようだ。

外国人の力を引き出すには、きめ細かな支援や研修が必要になる。人によって考え方や視点が違うのは構わないが、当社の理念や哲学は共有してもらいたい。

外国人の不満や不安を解消する必要もある。「やりなさい」と命じられての下積みを嫌がる傾向があり、「なぜこれをしなくてはならないのか」と仕事の意味の説明を求める外国人も多い。季節の行事など日本の文化を知らず、仕事や生活で苦労することもある。

外国人専門の相談窓口を社内に設けるなど、きめ細かく面倒を見ている。思った以上に大変だが、バランスシート（貸借対照表）に表れない優良資産をつくるため、粘り強くやっていく。

育児支援は会社に返る

女性客を増やすには店づくりや品ぞろえに女性の視点を生かす必要がある。05年からは新卒採用の半数が女性だ。

新入社員の外国人らと話す新浪社長
（2012年4月、都内）

女性客が多い商品の開発担当には、女性を積極登用している。05年には環境に配慮した商品を扱う「ナチュラルローソン」という業態を刷新、女性社員を中心にヘルス＆ビューティー（健康と美）というコンセプトを明確にした。客層を広げ、当社のブランド価値を高める助けになった。

12年5月時点でローソン単体で社員の女性比率が約14％に高まった。女性社員にとっては結婚や出産に安心して臨めるかどうかが重要だ。当社規定で育児休業は3年間だが、職場復帰が不安だとそのまま退職につながって大きな損失となる。

対策として、休職中に無理なくできる仕事を用意した。日常でどんな商品をどこで購入し、店では何を感じたかを報告してもらう。それをマーケティングに活用する。業務から完全に離れる期間を短くし、スムーズに職場復帰ができるようにする狙いである。

出産・育児支援は必ず会社に帰ってきてもらうための投資だ。既婚の社員は家族の支援を得ると生産性が大きく上がる。人口減は日本から活力を奪う。子どもを産んで育てやすい環境づくりは国だけに任せるのではなく、企業も一緒に取り組んでいくべき課題だ。

女性の役員登用の拡大も今後の課題だ。女性客を増やすことは重要戦略であり、経営上の意思決定でも女性の視点は大切になる。いまの成果よりも潜在力に着目し、女性を優先して役員に据えることもやっていきたい。

権限委譲で社員の意欲を刺激

当社は地域に密着したコンビニエンスストアの店舗づくりを進めてきた。中央で決めたフォーマット（形式）を全国に広げるのではなく、地域ごとに商品や接客方法で工夫する。そこで社員の意欲を刺激するため権限委譲に取り組んでいる。

03年には全国を7つのエリアに分け、それぞれに支社を設けた。支社には出店先、商品の仕入れや開発などのさまざまな決定権を与えた。それまでは地域ごとの運営部が本部の指示通りに各店舗を指導していた。

支社には、利益を投資額で割った投下資本利益率（ROI）が20％を超えるよう求めている。これを達成するため現場の社員が知恵を絞る。自治体の協力で地場の食材を使うスイーツを開発したり、地元スポーツチームと提携する店を開いたりと、興味深い取り組みが次々と生まれた。「まいど」のように方言で客に声をかける店舗もある。

11年には支社の下に76の支店を設けた。支店は出店の可否などの判断をする。権限委譲をさらに進め、社員一人ひとりが自律的に行動できる組織づくりを目指している。

現場が判断するには一定の知識も必要だ。03年からは社内教育機関「ローソン大学」がビジネスの基礎やマーケティングなどを教える。新入社員研修に始まり役員候補育成や加盟店スタッフの研修など、多くの教育プログラムを用意している。

社員の思考力を養うITツールも充実させている。10年に導入したポイントカードの「ポンタ」もその1つである。ポイントをためた会員が利益を得るだけではない。だれがいつどんな商品を買ったという膨大なデータを蓄積できる。どのような商品が繰り返し買われているのかなど顧客の購買パターンを容易に分析可能だ。

このデータはきめ細かな店づくりや商品開発に役立つ。社員が創造力を発揮する助けとなり、組織全体を活性化させる。

2

資生堂社長 末川久幸氏

Point

・自らの価値観をいったん壊す
・社内で一人ひとりの話を聞く
・社員の人生設計を支援

顧客に合わせて価値観を再構築

事業企画部長に就任して間もない2007年8月、スイスのビジネススクールIMDに派遣された。ここで一緒に研修を受けたのは世界各地にある当社の現地法人のトップやそれと同等な役職に就いている40、50歳代の10人ほど。グローバル戦略を実現する幹部を育てる「資生堂グローバル・リーダーシップ・プログラム（SGLP）」

の1期生だった。

これと同時に営業、経理など各部門長の候補が対象となるネクストリーダー（NL）研修、役員候補を育てるビジネスリーダー（BL）研修が始まった。NLからBLまたはSGLPに進む人材登用の流れができた。

それまで社内のリーダー選抜は体系的とは言えなかった。ただ、当社は1872年の創業当初から社名を「書生堂」と呼ばれるほど、社員教育に力を入れていた。こうした伝統が06年に当時の前田新造社長（現会長）がまとめた「資生堂『共育』宣言」につながった。社員に⑴自立性⑵変革力⑶美意識――の3要素を求めた結果、SGLPなどの研修が生まれた。

当社はグローバル化をはじめ大きな変化に直面している。20年ほど前は連結ベースで売上高の大半を国内で稼いだ。だが12年3月期の売上高の海外比率は44％。いくつもの外国企業を買収、販売先は89カ国・地域に広がった。グループ社員は約4万6千人で、このうち約半数が海外で働く。

12年度にはインターネットを通じ、美容部員が顧客にスキンケアやメーキャップについて助言する新サービスを始めた。ネット空間も海外市場も積極的に開拓しなければならない。そのための人材の育成が必要だ。

時代や顧客の変化に対応、自らの価値観をいったん壊して再構築する作業を続けるしかない。

壁に当たったら原点に戻る

11年4月の社長就任とほぼ同時に新たな企業理念である「MVW」を公表した。名誉会長の福原義春氏が社長時代に作った企業理念を時代に合わせて発展させた。Mはミッション（使命）で、企業使命と事業領域を示す。Vはバリュー（社員の価値観）、Wはウェイ（社員の行動基準）で、いずれも目的はミッションの実現だ。英文で作ったMVWは日本語を含む18言語に翻訳、世界中のグループ社員が共有する。これを日常業務で実践することで事業・経営戦略やビジョンが実現し、グループが持続的に成長するのである。

経営企画部長を務めていた09年ごろからMVW作成に携わった。グローバル時代の企業理念として何が必要なのか、国内外のグループ会社の社員にアンケートを実施したうえで、各事業所を訪ねて議論を重ねた。最後は外部メンバーをまじえ本社の策定委員会で文言を固めた。欧米企業のクレドに近い。

資生堂グループ企業理念

当社は多国籍企業となり、少し前には想像できなかった多様化を実現しつつある。だが、会社や個人の社員が何らかの壁に当たった場合には原点に戻って考える。その原点がこのＭＶＷなのだ。

12年度には社内の人材を発掘するため、タレントレビューという仕組みを始めた。世界のグループ各社の担当役員の推薦に基づき、すでに幹部ポストにいる社員からさまざまな才能を選抜する。通常の業績を縦軸、ポテンシャル（潜在力）を横軸にしたマトリックスに該当する社員を当てはめ、データベースを作成する。その際にはＭＶＷの理解と実践も考慮される。

「ほめる技術」で社員に目配り

人材はほめて育てるのが基本だと考えている。

たとえば、12年に東京都内の大手百貨店にある当社の売り場が月間で新記録となる大きな売上高を達成する出来事があった。この店のスタッフには祝電を打ち、記念品を贈った。するとこの百貨店の社長も売り場を訪れ、「ありがとう」と言ってくれた。おかげでスタッフのやる気が高まり、この売り場の成績はその後も好調だ。

だれかの能力を引き出すにはこういうことが大事なのだと思う。少なくとも「なぜ売り上げがもっと伸びないのか」と叱責するよりは、少しでも上がったら「よくやった」とほめる方が人材育成では効果的だと考える。

当社には将来の管理職や幹部候補を選抜するためのさまざまな仕組みや研修があることはすでに説明した。一部だけでなく社員全体の士気をいかに高く維持するかも大きな課題である。これを解決するためにも「ほめる技術」は有効だ。

より多くの社員が積極的に仕事に取り組む雰囲気を醸成するには、「経営幹部や上司が常にあなたを見ている」という姿勢を示すことも大事だ。

最近では国内にある当社グループの研究所で講演した後、管理職候補の研修を受けた経験がある社員が「最近の仕事でがんばった研究チームの16人とランチを一緒にとってほしい」と頼んできた。そこで研究所の社員食堂で数百円の定食をみんなで食べ、一人ひとりの話を聞いた。それだけでも社員の帰属意識が高まる好循環が生まれる。

こうしたコミュニケーションは外国人にも受け入れられる。投資家への説明などで欧米に出張する機会は多いが、少しでも時間があれば現地のグループ企業を訪問して責任者やスタッフと会うことにしている。その際には経営に関する私の考えを直接伝えるようにしている。このようにしてみんなが互いに関心をもつようになれば、人はやる気を出して育つものだ。

会社はバーチャルな「大学」

上に立つ人は責任をもって部下を引っ張り、育てていかなければならないというのが信念だ。人材の教育は人事担当だけの仕事ではないと考えている。07年から続いている「エコール資生堂」という試みはこうした思いを裏づける。

「エコール」とはフランス語で「学校」を意味する。会社全体を社員が学生のバーチャル（疑似的）な大学に見立てている。社内に10以上ある生産、研究開発、財務、宣伝などの部門のトップを学部長に見立てている。

そうはいっても本物の大学のように単位や試験があるわけではない。部門ごとに自主的な勉強会を開いて改善を重ねる。時には別の部門の社員を招いて話を聞き、新たなアイデアが浮かぶこともある。11年に社長に就くとエコール資生堂の活動を奨励し、いまでは各職場の勉強会に役員が自主参加する機会も増えた。

前田新造会長の言葉を借りると、社員は「心をもつ経営資源」である。お金は1＋1で2にしかならないが、人には心があるのでうまくすれば和が3や4にもなる。それは上に立つ人物次第だ。

勉強会だけでなく、さまざまな研修もエコール資生堂のカリキュラムの一環だ。具体的な勉強会や研修の場として、神奈川県横須賀市にある研修施設「エコール・ド・ハヤマ」を活用している。ここは「能力開発の聖地」と呼ばれていて、稼働率は9割を超えている。

残念ながらエコール資生堂は事実上、国内に限った試みだ。海外で採用した外国人社員の選抜や育成の1つの手段として11年に始めたのが「資生堂リージョナル・リーダーシップ・プログラム（SRLP）」である。

主目的は現地法人のトップ育成だ。世界を米州、欧州、中国、その他アジアの4地域に分け、それぞれの地域で毎年10〜20人が対象になる。ここで研修を受けた幹部候補が部下を教育することでエコール資生堂に近い効果が生まれると考えている。

社員は夢を語り成長する

キャリアデザインセンターという部署を11年4月に設けた。社員が人生の中で仕事、生きがい、夢など大切な要素をどう位置付けるのかを考える手助けをする。

ここで社員が相談してくる内容は「次にどのステップに進めば良いか」「10年後はどうすべきか」などさまざまだ。

上司から見て部下が大きく伸びる機会は2つある。仕事で修羅場をくぐり抜ける際と、将来の夢を語るときだ。欧米人と異なり日本人は自立した人生設計に慣れていないが、仕事でもプライベートでも多くの社員は夢を持っている。それを尋ねると目を輝かせる。

国内で働く社員の8割は女性で、その多くを美容職が占める。美容職にはキャリア形成プログラムを用意している。美容職は店頭で商品を販売するビューティーコンサ

研修で話す末川社長（右奥、2012年4月、神奈川県内）

ルタント、美容室で働く美容師やエステティシャン、国内外のファッションショーなどで活躍するヘアメークアーティストらに分かれる。こうした美容職はある時期に、そのまま現場で活躍するか管理職として組織のマネジャーをめざすかのいずれかを選ぶ。現場にとどまりアーティストに選抜された人材は3年間、徹底的に鍛え、世界に資生堂の技術力をアピールしてもらう。

社内託児所などの福利厚生も充実させているつもりだ。結果として「資生堂が好き」という社員が多く、男女とも働きやすくなっているようだ。一方、過去の成功体験にとらわれ、変化への対応が弱まっている気がする。手綱を引き締めるのも経営者の役割である。

3

京都銀行会長　柏原康夫氏

Point
- 能力を発揮しやすい職場を提供
- 外部の人材登用で組織を活性化
- 行員に「意識の国際化」求める

従業員の評価は長期的な視野で

銀行員として多くの時間を人事部門で過ごした。その経験から、銀行経営には何が大切かと問われれば人材がすべてだと断言する。当行が掲げる「三位一体経営」は顧客、株主、従業員の3者を大切にする。これを忘れては、どんな制度もうまく機能しないだろう。

従業員には能力の差がある。上位層が2割、中間層が6割、下位層が2割とよく言われる。当行にも当てはまるが、どの従業員にも働きがいのある職場にしたい。仕事があまりよくできない従業員を切り捨てるのではなく、能力を発揮しやすい場を提供する。そうすると仕事ができる従業員は「人を大切にする銀行だ」と認識し、さらにやる気を出す効果がある。

年功序列の色彩が濃い銀行界の給与体系が批判され、成果主義を導入する銀行が増えた時期があったが、成果主義は弊害が大きい。例えば融資の実行額を評価基準にすると、従業員は短期的な実績ばかりに意識が向いて融資判断が甘くなり、後に回収が難しい不良債権の山になりかねない。

当行も2004年に人事制度を改め、職務内容や能力に応じた給与体系にしたが、成果主義は極力、排除している。従業員の能力をはかる場合には、複数の人間による評価を実行している。

人間が他の人間を評価する際は主観が入るのが当然だ。なるべく多くの人の評価を集め、客観性を確保すべきだ。人事部は1人の従業員の評価を決める際に5、6人の評価を聞き取る。評価項目ごとに点数をつけ、総合点を出す。結果を見て「こんなに低いのか」といった疑問が生じる場合は原因を探る。1つの仕事の結果が出るまでには3～5年はかかるのが普通だ。だからこそ、人材の評価にも長期的な視野が必要だと考える。

大手銀行員も中途で採用

日本で銀行破綻など金融危機が深刻になった1998年、頭取に就任した（10年から会長）。バブル崩壊で膨らんだ不良債権の処理が大きな課題だった。処理の原資を確保するため、大半の金融機関は店舗や従業員数を大きく削減した。当行の内部でも同様な合理化を求める声が強まったが、私は反対した。そんな手法では縮小均衡に陥り、銀行の体力がさらに低下する恐れがあったからだ。

他の銀行が店舗を減らすならば、当行は逆に増やして営業圏を広げようと考えた。00年12月には滋賀県草津市に新店舗を開いたが、これを機に京都府の外側に対する出店攻勢を強めた。

経営者の役割は、世間の風向きを読んだうえで周りに流されずに組織の方向を決めることだ。

「地方銀行は地域限定」という従来の常識にとらわれず、「広域型地銀」というキャ

京都銀行の店舗数

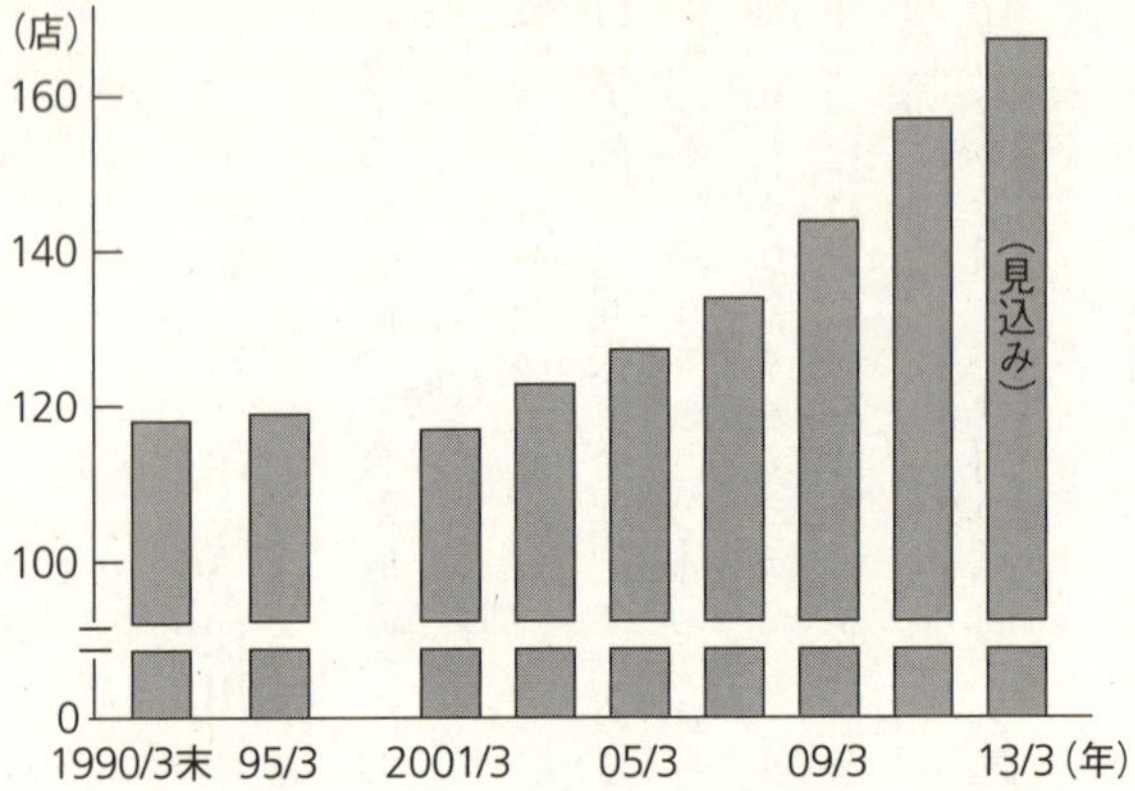

(注)本・支店と出張所の合計

ッチフレーズを掲げ、関西全域に営業網を拡大していった。

新規出店の人材を確保するため、04年には中途採用を始めた。当時の日本の金融界では、生え抜き従業員による純血主義が常識だった。違う発想を持つ外部の人材を登用できれば組織が活性化すると判断した。銀行業務は多様化しており、高度な専門知識を持つ人材を集める狙いもあった。

他の銀行は合理化を進めていたから、大手銀行からもたくさん応募してきた。中途採用者は「地域経済に奉仕する」という当行の考え方を受け入れる必要がある。嘱託として1年間働いた後、正行員になれる。これまでに累計で約70人を採用し支店長も生まれた。

支店長は行内公募、心得を配布

銀行にとって支店は極めて重要な営業拠点である。支店のスタッフを束ねる支店長は〝ミニ経営者〟であり、中小企業の社長に匹敵する存在である。支店長職は経営幹部への登竜門といえる。

私がかつて支店長を務めていたとき、反社会的な勢力から当座預金の口座開設の申し込みがあった。その前から取引が続いていたため、対応に苦慮する部下の様子を見て口座開設を拒否することにした。店頭に押しかけられるなど迷惑行為を受けたが、断りきった。支店長の役割は大きい。

当行の支店数は160を超える。支店長選びには力を入れている。かつては各部署から出てくる候補者名簿を基に人事部が決めていたので、希望していないのに支店長になる行員がいた。能力は高いが適性のない人を支店長にすると、1年もしないうちに取引先の開拓停滞といった問題が生じることがよくあった。

改善するため、05年に支店長を行内で公募する制度を始めた。支店長になりたい行員は立候補する。「支店長になれれば、こんな経営をしてみたい」というリポートを提出した後、人事部の面接を受ける。上司の推薦状は必要だが、本人の希望が強ければこれを書かない上司はいないようだ。一方、支店長にならなくても、専門能力を生かしながら経営幹部になる道も残している。

支店長はきわめて重要な役割だから、当行は「支店長心得」という冊子を渡している。「志あるところに道あり」のような基本的な心構えを説いたうえで、支店運営、信用リスク、人事管理などの項目ごとに一問一答形式で要点を説明する。

人事管理の項目を例にあげる。「部下に関する情報は支店長に届くのが最も遅い」「勤務態度が悪い部下は不満や悩みを抱えている場合が多く、原因を把握し、相談に乗り、親身になってアドバイスする」など従業員の管理や意欲の高め方を具体的に記している。

読書で日常離れ、新発想を

10年4月には当行内に「金融大学校」を設けた。内部の研修システムの名称だ。「学校」と名付けたのは人材育成の大切さを広く認識してもらい、研修のレベルを高めるためだ。その前は人事部に研修部門があった。人事と研修の一体運営は基本的に有効だったが、複雑化する業務に対応するには研修体制の独立が必要だと考えた。

金融大学校では、支店長経験を持つ3人のベテラン行員が〝専任教授〟としてそれぞれ、営業、融資管理、業務管理を受け持っている。本店のスタッフや外部の人材も講師となり、専門知識を伝授する。用意するのは専門家養成、管理職養成、マネジメント実践の3コース。行員が自ら学び、実践、成長する企業風土の構築を目指している。

金融大学校は頭取時代に開いた
（京都市左京区の本店で）

幹部行員に対象を絞った研さんの場もある。12年4月、私が主催する読書会「画竜塾」を発足させた。メンバーは部長職の約20人で、毎月第3木曜日に、経済図書などの読書会を開いている。参加する一人ひとりに発言を求め、時事問題などを巡る議論を深めている。

私は1963年、滋賀大学を卒業して当行に採用された。毎日の仕事が忙しく、読書に長い時間を割けないため、次第に経験に基づいて物事を判断しがちになった。地に足がついた判断と言えなくはないが、過去の延長線上の発想になりがちで、自分自身に歯がゆさを感じることもあった。

激動する金融業界で生き残るには新たな市場を切り開くような斬新な発想が欠かせない。日常業務を離れ日本や世界の動きを把握する習慣をつけるには読書が最適だ。

実力より少し上の課題で鍛錬

バブル崩壊後の出店攻勢もあり、12年9月末の資金量（預金残高）は約6兆7千億円で地方銀行の7位だった。98年に頭取に就くまでは15、16位だった。支店と出張所を合わせた店舗数をいまの167店から200店に増やし、資金量ランクを5位以内に上げるのが目標だ。関西全域に支店網を広げる「広域型地銀」として存在感を高めていきたい。

グローバル化への対応は大きな要素だ。それでも成長する新興国などで自ら融資を拡大するつもりはない。無理をしても効果が小さく、メガバンクには勝てないと容易に想像できるからだ。そのかわりにグローバル化する国内企業に融資する。

行員には「意識の国際化」を求めている。10年からは京都大学で学ぶ海外からの留学生を当行の寮に受け入れ、行員と交流してもらっている。いま住んでいる留学生は中国人が3人、韓国人は2人だ。行員向け語学講座の講師を務めている。

行内では法人向け融資業務の経験者から希望を募り、メガバンクの海外支店や現地法人に1年間、トレーニーとして派遣する研修制度もある。

女性の活用も重要だ。07年4月には女性キャリアサポートプロジェクトという仕組みを始めた。⑴育児と仕事の両立支援　⑵能力開発　⑶再雇用を3本柱にすえ、女性行員が能力を発揮しやすい環境づくりを急いでいる。当行の女性管理職は12年末が約150人で、5年前の約3倍に増えた。

人材育成の秘訣とは上司が部下を育てようと本気で考え、信念を持って粘り強く取り組むことだ。人間の能力は多様で、だれでも得意分野を持っている。実力を少し上回る水準の課題で鍛えれば成長を促せる。他人の意見に耳を傾け、知識を蓄え、最終的には自分の考えに基づいて行動する行員を育てていきたい。

読み解く

関西大学准教授　小野善生氏

Point

・リーダーは尊敬と信頼得られる手本
・何を守って何を変えるのか明確に
・フォロワーも能動的に

意識変化を促すのがリーダー

このシリーズで登場したローソン、資生堂、京都銀行の3社は環境の変化を見極め、積極的に事業展開したことが奏功した事例である。興味深いのは人材の活用や育成面で共通点があることだ。

第1の共通点は、中途採用や外国人の活用を通じ組織内の人材を多様化し、活性化させようとしていることだ。第2は〝企業内大学〟といった仕組みにより、組織的に次世代の人材を育成しようとしていること。第3の点は、極めて厳しい判断を迫られる局面や、権限委譲などによるさまざまな業務経験から学習させることによって成長を促していることである。

こうした共通項から読み取れるのは、環境に合わせるのでなく、自ら積極的に働きかけて変化を起こすリーダーシップを持つ人材を育成、活用していることだ。このような特性を持つ人材をリーダーと呼ぶのである。

リーダーシップとは、特定のポジションを担う人物だけが持つ能力だと思われがちだが、それは正しくない。そもそもリーダーシップとは特定の目的を達成するため、相手に積極的な意識の変化を促す行為である。相手に意識の変化を求めようと意図する人物がリーダーとなるのであり、ポジションの有無や内容は本来、関係がない。

例えば、プロジェクトチームの管理者ではないメンバーの1人が自身のアイデアを実現しようと積極的に働きかけ、周りが動けば、そのメンバーはリーダーシップを発揮しているといえるのだ。

パナソニックの創業者、松下幸之助はかつて「社員稼業」という言葉を使い、社員が当事者意識を持ち行動するよう求めた。これは現代にも通じる。持ち場や立場に関係なくリーダーシップを発揮できる人物の育成と活用が求められている。

部下の立場に配慮し説得も

組織に変化をもたらすリーダーの育成は、これからの企業にとって重要になる。変化を起こす主体となる人物をリーダーとみなす「変革型リーダーシップ」という考え方の登場は、1970年代後半にさかのぼる。

それ以前は、企業の生産性や効率性を高く維持するため、いかに組織を取りまとめるかが、リーダーとリーダーシップの主な役目とされた。しかし、事業環境の変化がどんどん激しくなっていったため、従来のやり方を見直す必要に迫られた。組織を柔軟に変えていったり抜本的に立て直したりといった任務が、リーダーに新しく求められるようになったのである。

そこで登場したのが変革型リーダーシップであった。研究は多いが、最も影響力の大きな理論が、組織心理学者のバーナード・バス（米ニューヨーク州立大）とブルース・アボリオ（米ワシントン大）のモデルだ。これによると、変革型リーダーシップは⑴理想化された影響　⑵鼓舞する動機づけ　⑶知的な刺激　⑷個人的な配慮――

という4つの要素で構成される。

「理想化された影響」とは、尊敬と信頼を得られるロールモデル（手本）として振る舞うことである。「鼓舞する動機づけ」とは、ビジョンを示し、挑戦しがいのある仕事を与えてメンバーの発奮を促すことだ。「知的な刺激」とは、既存の価値観ややり方の他に新たなアプローチを打ち出し、部下の創造性を喚起することである。「個人的な配慮」とはコーチ役として肯定的に振る舞い、メンバーの成長を支援することだ。

変革型リーダーシップを構成する4要素の根底にあるのは、フォロワー（リーダーの影響を受ける部下など）の意識をいかに積極的に変えられるかということだ。職位や権限で人を動かすのではなく、フォロワーの立場に配慮しながら、行動や態度で説得できる能力が変革型リーダーシップには求められるのである。

企業理念はビジネスの基軸

ポジションに関わりなく、あらゆる階層で変化を起こせるリーダーシップを発揮できる人材の育成と活用が求められている。しかし、ただやみくもに変えればよいというものではない。

今回のシリーズで取り上げたローソン、資生堂、京都銀行という3社のケースでは、この総括連載の1回目で指摘した3つの共通点の他に、組織を運営するうえで極めて重要な特徴がもう1つある。それは、絶対にぶれない経営の基軸を持っているということだ。

ローソンの「地域に貢献する」、資生堂の「MVW（ミッション、バリュー、ウェイ）」、京都銀行の「地域経済に貢献する」という企業理念がこれに当たる。

組織を変革するといっても、根本から作り直すわけではない。あくまで既存の企業理念を基軸にしたうえで、それを実現する手段として、価値観、制度や戦略、それに伴う人材の育成や活用を見直していくという内容でないといけない。

米国で活躍した経営学者のピーター・ドラッカーは、マネジメント（経営）の3つの役割を指摘した。第1がミッション（使命＝目的を果たすこと）。第2は組織のメンバーが仕事を通じて生き生きと働けるようにすること。第3が社会に及ぼす影響を自覚し、そこから派生する問題に対処しつつ、社会の問題の解決に貢献することだ。

企業理念とはまさにこの第1の役割を含み、ビジネスの目的の核となる要素である。これをないがしろにすれば組織の存在意義が揺らぎかねない。ところが、目的と手段の関係は時として、手段そのものを目的にするワナにはまってしまう。組織を変革すること自体が目的となり、何のために変えるのかという本質的な議論が置き去りになってはいけない。このシリーズに登場した3社は、何を守って何を変えるのかという意識を組織内に浸透させ、変革を進めることができた。

次世代に何を伝えるのか

変革型リーダーシップを持つリーダーの存在は現代の企業経営にとって極めて重要だということはすでに指摘した。それでは、このように有用な人材を企業はいかに確保すべきなのだろうか。

ノール・ティシー（米ミシガン大）らは著書「リーダーシップ・サイクル」のなかで「リーダーシップには変革力に加え、継続性が必要である」と主張する。この場合の継続性とは、リーダーが次世代のリーダーである後継者を育てる教育能力のことを指している。

リーダーが次世代に何かを伝える資質のことをティシーは「リーダーシップの教育的見地」と呼んでいる。これを言い換えれば、しっかりとしたアイデアや価値観を他

リーダーシップの教育的見地

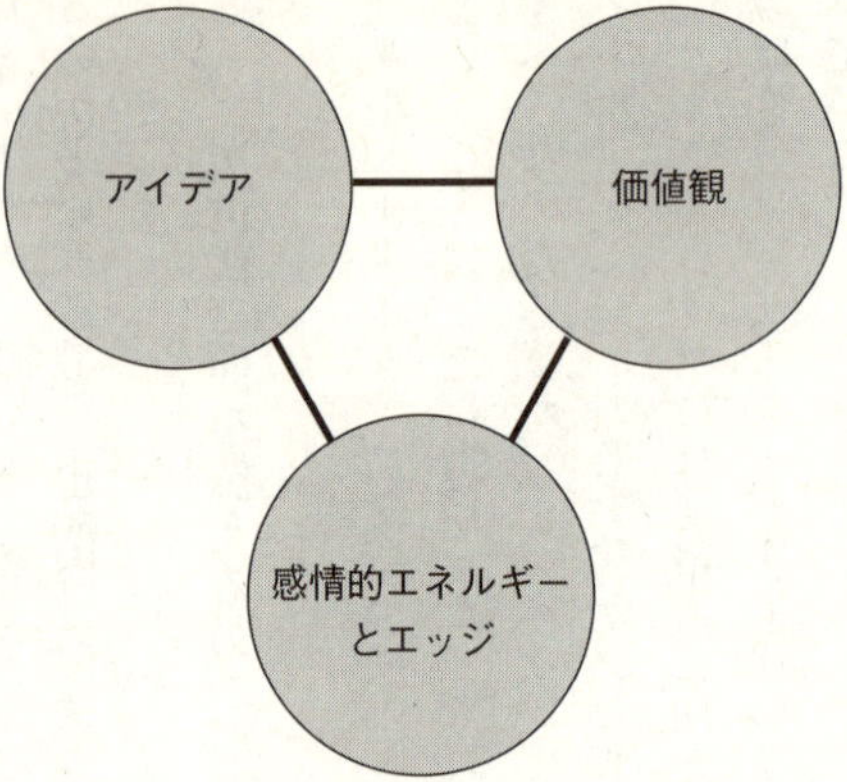

（出所）「リーダーシップ・サイクル」

の人にも伝えることができるツールである。伝える内容は主に（1）アイデア（2）価値観（3）感情的エネルギーとエッジ（ぎりぎりの局面）の3点である。

「アイデア」とは、どのようなビジネスシステムを作るべきかという考え方だ。「価値観」は業務に関連したモノのとらえ方で、アイデアの実現に直結する要素である。

「感情的エネルギー」は、社員の仕事に対するモチベーション（意欲）を高めること。関連する「エッジ」は余裕のない状況で困難な決断を下す能力だ。資生堂の末川久幸社長が「部下が大きく伸びる機会」の一つとしてあげた「仕事で修羅場をくぐり抜ける際」がこれに当たる。

こうした実体験を語ることで他の社員のやる気を鼓舞することができるのだ。仕事を通じ身についたこれらの3要素を、リーダーは次世代に語り継がなければならない。

経験・薫陶・研修で成長する

次世代のリーダーを継続的に輩出していくには、前回で述べた「リーダーの教育的見地」に基づく3要素を語り継いでいかなければならない。

リーダーシップ研究の調査会社である米ロミンガー社によると、経営幹部としてリーダーシップをうまく発揮できるようになった人に「何が役に立ったのか」と尋ねると、7割が「経験」、2割が「(上司や先輩などからの)薫陶」、1割が「研修」と答えた。この結果から考えられることは、経験を主体に、薫陶と研修をうまく融合することが必要ということだ。

薫陶という個人間のやりとりだけでなく、研修を通じ組織としてリーダーシップを開発することも重要である。このシリーズで取り上げたローソン、資生堂、京都銀行という3社のケースにおいても〝企業内大学〟を通じリーダーシップ開発の体制を整

リーダーシップの開発モデル

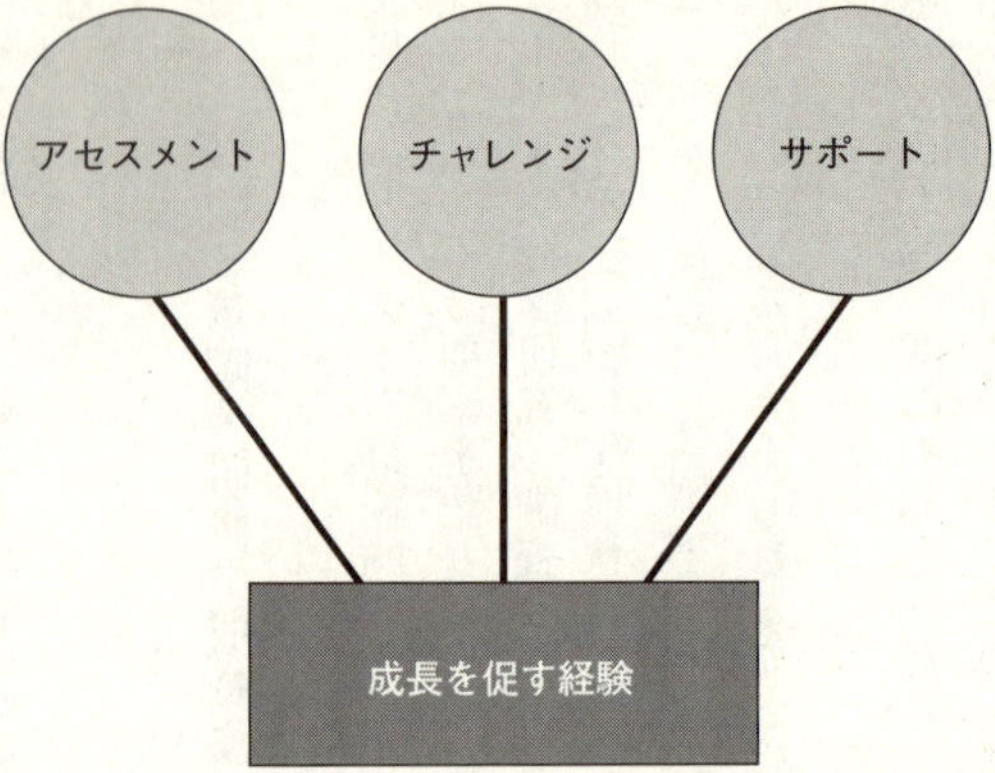

(出所)「リーダーシップ開発ハンドブック」

えていた。

仕事の経験については米研究・教育機関CCL(創造的リーダーシップ・センター)の取り組みが注目を集めている。

CCLのリーダーシップ開発の基本は、成長を促す仕事の経験の機会を与え、学ぶ力を育てることだ。CCLのシンシア・マッコーレイらの共著「リーダーシップ開発ハンドブック」によると、成長を促す経験は(1)リーダー候補の現状と課題を明示するアセスメント(評価)(2)能力を伸ばす機会としてのチャレンジ(3)チャレンジを遂行するためのサポートという3要素で構成される。

どのようなリーダーが必要かという育成課題と与える仕事の経験をいかに関連

させるかがリーダーシップ開発の核心だ。

フォロワーは批判的思考を

これまで変革型リーダーの活用と育成が重要だと指摘してきたが、リーダーシップが成立するには、フォロワー（影響を受ける部下など）がついてこないと意味がない。フォロワーはリーダーについていきさえすればよいのかと言えば、そうではない。

この点に関してロナルド・ハイフェッツ（米ハーバード大）は「フォロワーもリーダーについていくという自覚を持たなければならない」と指摘する。リーダーに追従するだけの受け身のフォロワーでなく、能動的に関わるフォロワーが求められるのだ。

目的を達成するため意味を持つ行動ならば、持ち場や立場に関わりなく積極的に支えていこうというフォロワーシップを発揮するメンバーも組織には必要なのである。

会社などの組織においてはたいてい、次世代リーダーに選抜されないメンバーが多数派だ。こうした人たちが目的を実現するためのフォロワーシップを発揮してもらえるようモチベーションを高め、仕事へのコミットメント（関与）を維持するように促す取り組みも欠かせない。

ロバート・ケリー（米カーネギーメロン大）によると、フォロワーシップとは、独自の批判的思考と積極的貢献によって構成される。独自の批判的思考とは、リーダーに対して建設的な提言ができることだ。積極的貢献とは、与えられた役割の他にもさまざまな面で目的達成に向け自発的に活動する能力である。

どちらかの要素が欠けても理想的なフォロワーシップは期待できない。仮に独自の批判的思考を持っていても積極的貢献がなければ「能力のあるはみ出し者」になる。一方、積極的貢献だけで批判的思考がなければ、単なる〝イエスマン〟と呼ばれるだけである。

リーダーだけで組織は成り立たない。他のすべてのメンバーのフォロワーシップ能力も開発していく必要があるのだ。

第Ⅵ章 「ものづくり」にこだわる

1

日本電産社長　永守重信氏

Point
- 起業は苦労多いが、やりがいも大きい
- コスト構造の見直しが、ものづくりの基本
- これまでの勝ちパターンへのこだわり捨てる

創業者は自信過剰で構わない

1973年、28歳で精密モーター製造の日本電産を創業した。伏線は小学校時代の2つの出来事にある。1つ目は、3年生のときに同級生の家庭を訪問し、衝撃を受けたことだ。座敷に模型の電車が走り、おやつにチーズケーキを食べ、夕食はステーキだった。この裕福な同級生の親は、会社の社長だった。将来は社長になって立派な家

に住みたいと強く思った。

もう1つは4年生の工作の授業だった。専用キットを使ってモーターを組み立てると、クラスで一番、静かで速く回った。成績は良くても先生に嫌われていたと思っていた。でも、このときに初めて先生にほめられ、モーターに強い興味を抱いた。工業高校、職業訓練大学校へと進学したのはモーター技術を極めたかったからだ。

起業時に30人くらいは仲間が集まると思っていたのに実際は私の他に3人だけ。応援を約束していた取引先からは料金の前払いを要求されるなど出ばなをくじかれたが、夢を追う気持ちの方が不安よりはるかに大きかった。将来は必ず成功すると信じて疑わなかった。創業者は自信過剰なくらいでないとだめだ。

昼間は社員全員が営業に回り、会社に戻ると作業着姿でモーターをつくった。競争相手の半分の納期で仕事をすると広告を出し「できると思えばできる」と唱えながら会社を成長させていった。

当時に比べ、いまの日本には創業を支援する制度がそろっている。大企業を中心とする系列取引が減っており、新興企業が伸びる余地は大きい。それでも起業が増えないのは、これに対する世間の評価が低いからだ。起業すれば休む暇はないし、苦労が多い。しかし、やりがいも大きい。若者の起業を歓迎しない教育者の意識改革も必要だ。

買収対象は技術力重視

当社はM&Aを繰り返し大きくなってきた。初めてのM&Aの対象は、84年に買収契約を結んだ米国の大手ファンメーカー、トリンだった。トリンはすでに他の米企業に買収されていたが、これによる事業縮小を恐れたトリンの旧経営陣が当社に「(この米企業から)改めて買収してほしい」と打診してきたのだ。

ファンとは電子機器の発熱を外部に逃す換気扇だ。モーター事業の育成にはファンが役立つと考え、粘り強く交渉した。目的が明確なM&Aは実を結ぶ。この経験がM&A戦略に弾みをつけた。

それからこれまでに国内外での買収企業数は37社に達した。M&Aはモーター事業を広げる有力な手段で、これからも活用する。買収を決断するときに重視するのは相手の技術力だ。たとえ経営難の会社でも、技術力があれば再生は可能だ。

モーター関連の技術であれば、「目利き」だとの自負がある。世界のモーター関連会社を視野に入れ買収候補をリストアップし、タイミングを見ながら当社からアプロ

国内外で買収した企業数の累計

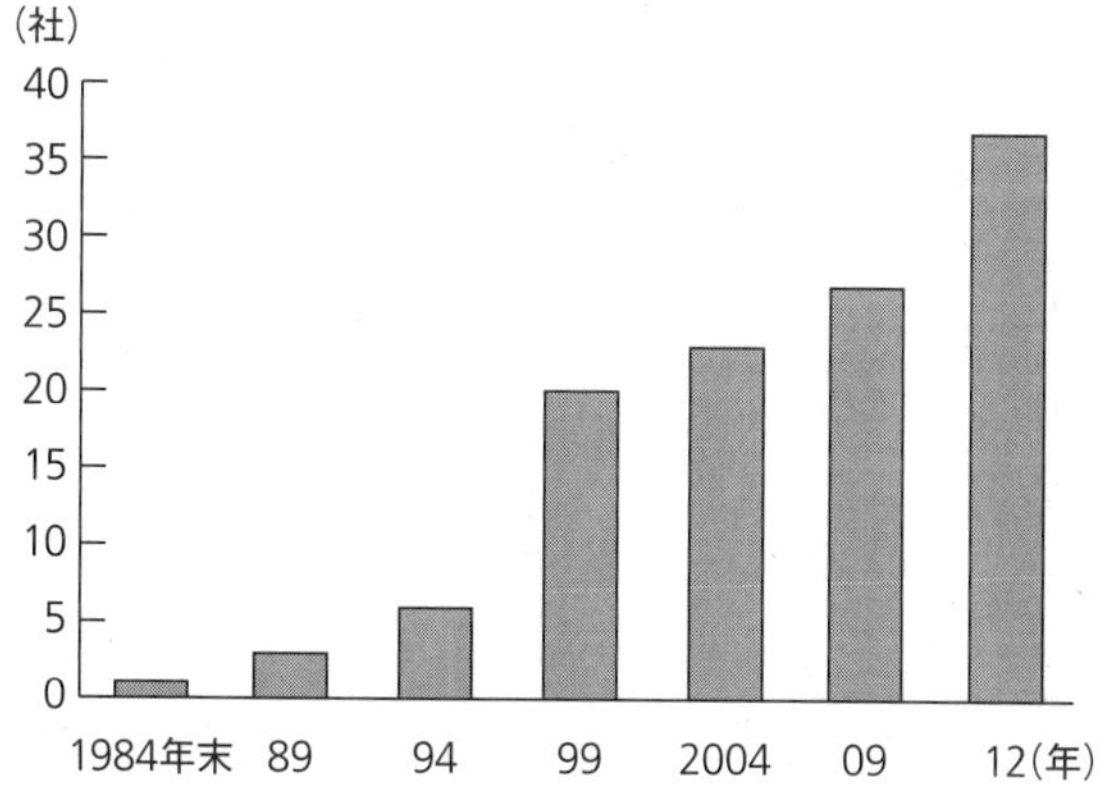

(出所)　日本電産資料

ーチする。買収の意向を伝えてから実現まで10年以上かかった案件もある。

海外企業を買収する際には、経営者の力を見極めて対象を絞る。海外企業を日本人がかじ取りするのは困難で、旧来の経営者に任せざるを得ないからだ。直接会って経営方針を聞き、信頼できるかどうかを判断する。

主力商品である精密モーターの技術、用途拡大など環境変化を見据え、M&Aで自社にはない経営資源のマス目を1つ1つ埋めてきた。着目した会社の8割は買収した。

社員・会社・製品の質を高める

経営にとって最も重要なのは利益を上げることだ。買収先の大半は業績が悪化した企業。利益が出る体質に改めるためにはまず、コスト構造の徹底的な見直しを求める。ものづくりの基本だ。

当社は経費の無駄をはぶくため「Kプロ」「Mプロ」と呼ぶ社内活動に取り組んでいる。Kプロとは経費削減プロジェクトの略で、事務用品、光熱、出張、物流などの経費を減らす取り組みだ。売上高1億円当たりの経費は500万円以下という指標を設けている。

Mプロは購買費削減プロジェクト。Mは「(購入先に)まけてもらう」の「ま」からとった。1円以上の購入品についてはすべて稟議《りんぎ》書を提出させ、現在の価格は適正かどうか、調達先の切り替え、設計や生産方法の見直しによる部品削減が必要かどうかを徹底的に考えている。

社内でのもう1つの活動が「3Q6S」だ。3Qは「良い社員、良い会社、良い製品」という3つのクオリティ(質)を意味する。6Sは「整理、整頓、清掃、清潔、作法、しつけ」を表す。当社の基本精神であり、買収した会社に取り入れると大きな効果を生む。

例えば、11年に三洋電機から買収したモーターメーカー、三洋精密（現・日本電産セイミツ）は赤字体質だったが、グループ入りするとすぐ黒字に転換した。

買収した企業に対する基本方針は(1)当社と合併しない(2)経営は生え抜きの人間に任せる(3)社員は減らさない――の3点である。合理化を優先するあまりに社員の士気を下げてしまっては、経営再建は難しいと考える。

こうした取り組みを買収した企業に実行させて経費を減らす。経営者や社員がこれまでの経営のどこに問題があり、どう変えるべきなのかを自発的に考え、行動するように促していく。そしてものづくりの企業として再生していく。当社のグループ全体に着実に浸透していると感じている。

「古い技術者」で新興国攻略

創業直後は取引先を開拓するため国内企業を訪ねても門前払いが続いた。生き残る道は海外進出だった。調査で米企業のスリーエムがカセットテープを高速でダビング

2010年10月、メキシコのモーター工場を視察する永守社長㊨

する装置の小型化を目指しているとの情報をつかんだ。装置を小型化するには、さらに小さなモーターが必要と考え、当社の製品を売り込んだ。

先方の要求に応え、性能を落とさずに従来品より3割小型化したモーターを完成させ、74年、受注に成功した。

これ以降、海外市場を常に意識しながら事業を拡大している。12年9月期（中間決算）の連結売上高を地域別に見ると、日本が24％、アジア53％、北米13％、欧州10％。先進国やアジアに進出する日系企業を中心に供給、高付加価値のビジネスを展開してきた。

それでも世界経済の構造は激変。電機、自動車などさまざまな分野で新興国市場が膨らんできた。数量では数年後にモーターの世界市場の大半を新興国が占める見通しだ。新興国市場について、低価格品が主流で利益が出にくいという先入観を持ち敬遠する日本企業は多いが、ここを攻略しなければ成長できない。これまでの勝ちパターンへのこだわりは捨てるべきだ。

新興国市場を攻略する秘訣は、価格を一気に半額にすることだ。高機能品に軸足を置く開発・製造の思想を改め、低コストの汎用品を投入する。それを支えるのは昔の日本市場を知る〝古い技術者〟だ。新興国で売り上げを伸ばすモーターが日本で10年前に流行した製品という例もある。古い技術者を確保、技術の種を蓄えることが大切だ。

ときには「大ボラ」をふこう

当社の連結売上高は12年3月期が約6800億円。これを15年3月期に1兆2千億円、30年3月期には10兆円に伸ばしたい。「回るものと動くもの」を事業の基本に据え「世界ナンバーワンの総合モーターメーカー」を目指している。

世界市場で戦うには企業規模の拡大が大切だ。売上高1兆円の企業ならば10兆円企業と競争できるが、1千億円規模では勝負にはならない。企業買収を進めるときも、こちらの規模が大きければ買収できる規模も大きくなり、逆にリスクは小さくなる。売上高1兆円は世界市場で戦う最低限の条件だと考えている。

経営者の使命は夢を具体化し実現することだ。あまりにも大きな夢は「ホラ」だが、ときに「大ボラ」をふくことも必要だ。大ボラがしだいに中ボラや小ボラに変わり実現可能な夢になる。売上高10兆円はまだ大ボラだが、必ず実現できると信じている。

当社製品のモーターはハードディスクドライブ向けで成長軌道に乗り、光ディスク向けも大きく伸びた。いまでは家電製品や自動車向けの需要を掘り起こしている。例えば、家電では1つの製品に使うモーターの数が急増している。家電の生産量は伸びなくても、モーター市場は成長する。

自動車向けも将来性が高い。地球温暖化、小型・省エネ化、低騒音化に対応できるモーターが求められている。ロボット向けモーターも限りない可能性を秘めている。

夢を実現しながら、100年後も元気に生き残る会社にしたい。社員にとって働きやすい会社とは、休みが多くて楽ができる会社ではない。仕事は厳しいけれど健全な利益を出し、安心して働ける会社だと思う。

私もやがて引退するときがくる。創業者の次を担うのは難しいが、基本方針を受け継ぐ一方、自分のスタイルを打ち出せる人材をきちんと育て、バトンタッチをする。

2

花王社長　沢田道隆氏

Point

・さまざまな部署との協力がものづくりの醍醐味
・相反するニーズを両立させる製品開発
・「空洞化」防ぐには新製品の開発が必要

市場に教わるイノベーション

１９８１年に入社してから研究開発部門で働き、２０１２年６月、社長に就いた。経営者としての姿勢を決めるうえで大事な経験が紙おむつ「メリーズ」再建だった。03年７月に和歌山県の素材開発研究所室長から、栃木県のサニタリー研究所長に異動した。仕事が基盤技術研究から商品開発研究に変わった。早々の任務はメリーズの立て直しだった。同年春に全面刷新、前後どちら向きでも装着できる利便性を前面に出した。だが売れ行きは芳しくなく、一時は量販店の定番から外れるほど低迷した。

調べたが、機能は問題ない。そこで1500人のユーザー（小さな子を持つ母親）に聞き取り調査を実施、赤ちゃんの肌へのやさしさが最も重要だと確認した。ここで、83年に最初のメリーズを発売した際の売り物だった「肌にやさしいかぶれないおむつ」というコンセプトを思い出した。

改良品を投入したのは05年春。肌触りの良い不織布をお尻に当たる部分に使い、外側には水蒸気の透過性を数倍に高めた素材を採用した。和歌山で素材開発に取り組んできた経験が生きた。メリーズは息を吹き返し、いまではブランド別の子ども用紙おむつでトップの販売額を誇っている。

それまでは世界初の技術を開発し、消費者が「これは便利だ」と受け入れてくれることがイノベーション（技術革新）だと考えていた。だが、メリーズの経験で「市場や消費者に教えられるイノベーションもある」と気づいた。顧客視点を重視したものづくりが当社の基盤だと再認識した。

何よりも〝孤高の研究〟ではなく、マーケティング、調査などさまざまな部署と協力するものづくりの醍醐味を味わえた。会社を率いていくうえで得難い経験になった。

1980年代に生まれた主な花王商品

商品名	発売年	特　徴
洗顔料「ビオレ」	80	独自開発の洗浄基剤使用
化粧品「花王ソフィーナ」	82	皮膚科学に基づく開発
薬用入浴剤「バブ」	83	保温効果で入浴剤市場２倍に
紙おむつ「メリーズ」	83	高分子吸収体と透湿シートを併用
衣料用洗剤「アタック」	87	世界初のコンパクト型（粉末）

ニーズとシーズを融合

当社は技術を経営の軸に据える。イノベーションで画期的な新製品を生み出し、ものづくりの手本になりたい。12年３月期の連結売上高である１兆２１６０億円のうちシャンプー、歯磨きなどを含む家庭日用品が83％（残る17％は化学品）を占めた。この分野で、米アップルのような価値創造型の企業を目指している。

当社の基本理念を再構成した「花王ウェイ」の一部である「基本的な価値観」は(1)よきモノづくり (2)絶えざる革新 (3)正道を歩む――の３要素で成り立つ。よきモノづくりとは、消費者のニーズを見極め、これを独創的なシーズ（タネ＝研究・技術開発の成果）と組み合わせ、商品とブランドを開発することである。

80年代にはニーズとシーズの融合で生まれた画期的な商品が相次ぎ、日用品市場での地位を固めた。その代表格が87年に発売したコンパクト衣料用洗剤「アタック」だ。従来の洗剤よりずっと少ない使用量で済み、市場を席巻した。当社が生み出した洗浄成分アルカリセルラーゼがこれを可能にした。以後、日本の粉末洗剤の主流はコンパクト型になった。

ものづくり企業としての当社の特徴は、基盤技術の研究開発部門がそれぞれの製品の事業部から独立、成果をどの事業部が利用し製品化してもよいことだ。他のメーカーは事業部ごとに研究開発部門が異なり、技術共有は難しい場合が多い。繊維を織らず圧力や熱で固める不織布の加工技術はおむつや生理用品向けに高めたが、掃除用品「クイックルワイパー」などにも応用した。

異なる技術同士を掛け合わせ

当社が目指す「よきモノづくり」を実現するため70年代にまとめたのが「商品開発

5原則」だ。具体的には ⑴真に社会で役に立つ ⑵イノベーションによる創造的技術や技能を盛り込んでいる ⑶品質・価値に見合った価格で他社製品より優れている ⑷あらゆる消費者テストに耐える ⑸流通段階で商品情報をうまく伝達する——という内容である。

イノベーションについてはこれまでも触れてきたが、その命題の1つは相反する2つのニーズを両立させることである。

和歌山県の素材開発研究所のリーダーだった90年代前半に取り組んだ「水に溶けにくい水性マニキュア」の開発がこれだった。爪に塗るマニキュアの主な成分は有機溶剤（シンナー）、樹脂、色材。だが、有機溶剤は乾くときに爪の水分も飛ばしてしまう。

有機溶剤の代わりに水を使えばよいのだが、マニキュアを塗った爪を水に浸して色が落ちると困る。悩んだ末に、異業種の技術にヒントを探すことにした。建築業界の講演会に出かけ、水に溶けない細かな樹脂を分散させた水を壁紙に塗り、水分を蒸発させて色つきの樹脂だけを残す技術を知った。これをマニキュアに応用。水中で細かく分散、爪の上で水分が蒸発した後は色素を含んでしっかりと樹脂が張りつくマニキュアを作った。

イノベーションでは技術と技術をいかに掛け算するかも重要になる。異なる技術同士を掛け合わせることによって、その何倍もの効果が生まれるというのが持論である。

これは商品と商品の掛け算にも応用できる。当社の製品でいえば、化粧品などのビューティケア商品と、脂肪の消費を促す飲料をはじめとするヒューマンヘルスケア商品を融合させれば、どのような新製品ができるのか考察していけば面白いと思う。イノベーションは多様な視点から追求すべきだ。経営者として心がけていくつもりだ。

新技術は社会の共有物に

当社の連結売上高の海外比率は12年3月期で27%だったが、20年12月期（決算月変更）には50%に高めたい。売上高の2割弱を占める化学品はすでに6割を海外で稼いでいるので、今後は海外で生産、販売する日用品や化粧品などを増やしていくことになる。

世界のどこででも同じ製品をつくり、同一の価値を提供するのが基本ではあるが、海外市場における占有率を高めるには各国・地域の特徴を加えた「エリアイノベーション（地域での技術革新）」も必要になる。

12年10月、山形県酒田市の工場を視察
（左から2人目）

この方針に基づき、タイでは06年に衣料用の粉末洗剤「アタックイージー」を発売した。洗濯機を使わず、手洗いの弱い力でも汚れを落としやすくする工夫を施した。タイでは手洗いの家庭がなお多いという事情に対応した。この製品はインドネシアなどでも売り出して、ヒットした。

これまでは国内で開発した基盤技術を海外の研究所におけるものづくりに応用してきた。将来は基盤技術も海外で研究する時代が来るだろう。

海外で主要な研究所があるのは中国、台湾、タイ、ドイツ、米国の5カ国・地域。現地の大学や研究所との提携には積極的で、共同研究を通じたオープンイノベーションを進めている。開発した新技術は個別の契約や特許制度の範囲で守られるが、いずれは社会全体の共有物になるべきだと考えている。それが進出先の地域や全世界を豊かにする当社の貢献になる。

技術が広く普及した場合でも、優先的な市場確保など先行者としての利益は大きい。それもイノベーションの醍醐味だ。

技術とともに「思い」を伝承

当社のものづくりは顧客のニーズを把握したうえで研究・技術者の夢や思いを形にすることだ。

09年6月にはエコロジーを経営の柱に加えると宣言、同年8月には超濃縮の衣料用液体洗剤「アタックＮｅｏ（ネオ）」を発売した。洗濯後のすすぎを従来の2回から1回に減らせるので、その分だけ水、電気、時間などを節約できる。

同業他社が追随、いまでは国内販売額で衣料用洗剤の25%が同タイプになった。この半分が当社のシェアだ。消費者のニーズを的確にとらえ、新たな市場づくりを主導していきたいと考える。

若い世代に継承してほしいのは技術だけではない。ものづくりに対する「思い」も受け継いでもらいたい。そのため和歌山県の工場敷地に設けたのが89年の「グローバルテクノスクール」と、12年完成の「モノづくり技術・技能伝承センター」という2施設だ。

グローバルテクノスクールは日本を含む世界各地の生産現場から主に30、40歳代の中堅技術者を集め、7カ月間、合宿させる。その間、役立つ生産技術、ものづくりの精神などを教え込む。これまでに計800人以上が巣立ち、現場のリーダーとして日本や各国の生産拠点に戻っていった。

モノづくり技術・技能伝承センターはもっと若い社員にベテランが直接、技術を伝える場だ。モデル設備として配管などをしつらえ、実際に操作しながら教える。たとえばバルブから急に蒸気が噴き出したらどう対応するかといった、トラブル処理も体験させる。当面は国内の社員が対象だが、軌道に乗れば海外からもスタッフを呼ぶ。

日本の製造業は相次ぎ、海外に生産拠点を移している。だが「製造業の空洞化」を起こしてはいけない。国内で次々と魅力的な新製品を開発すれば、新たな市場を創り出し、生産する設備も人も国内にとどまると確信している。

3

テルモ社長　新宅祐太郎氏

Point

・M&Aを活用、世界での存在感高める
・2段階の技術革新を経て治療効果
・同業他社が集まる集積地に進出

「付加価値」で世界上位を目指す

テルモと聞くと、多くのみなさんは社名の由来になった体温計を思い浮かべるかもしれない。体温計はドイツ語で「テルモメーター」。だが連結売上高に占める体温計の割合は1％に満たない。大半は注射器、血管内治療に使うカテーテル、輸血関連製品などプロ向けの医療機器が占める。

1921年創業の当社の歴史を振り返ると、前半は体温計一筋でやってきた。だが、後半には他のさまざまな医療機器を開発し、事業範囲を広げてきた。一時的な停滞はあったが、これまで基本的に成長を持続できた要因は何か。事業のポートフォリオ（組み合わせ）のダイナミックな入れ替えだけではない。海外市場への飽くなき挑戦が成長の原動力になっている。

2011年には血液関連機器の米カリディアンBCTを買収した。これにより、世界市場での競争で劣勢に立たされていた輸血関連事業が世界最先端の技術を持つ事業としてよみがえり、会社全体の成長を支える柱に成長した。

これからはこのようなM&Aも活用し、世界で大きな存在感を示す企業に成長することが目標だ。

12年3月期の連結売上高は3866億円で、医療機器の企業では世界12位にすぎない。世界規模ではやっと「トップ10」企業に入る挑戦権を得ただけだ。ものづくりを得意としてきた日本企業としては、情けないといわれてもしかたがない。

では何が足りないのだろうか。当社は高品質の製品を効率よく大量に生産する「日本型ものづくり」を基本に成長してきた。だが、これからはもっと「付加価値」を意識しなければ一段の業績拡大は難しい。

それは同時に、日本経済を再生させるためのカギだと信じている。

技術を合わせて針を細く

当社は「ナノパスニードルⅡ」という直径0・18ミリメートルの極めて細い注射針の開発で2012年の日経優秀製品・サービス賞の最優秀賞17点の一つになった。金属加工の岡野工業（東京都墨田区）との共同受賞だった。岡野工業の技術と当社の製品企画が結びついた。特に岡野工業の付加価値追求の姿勢が役立った。

糖尿病の患者には小さな子供もいる。一日に何回もインスリンを注射するのは体に大きな負担となる。そこで当社の開発者が、注射針を細くして患者の痛みを軽くしたうえで、インスリンを十分に流せるように先端の内径を確保するユニークなアイデアを思いついた。

これを生産するには精密な金属加工の技術が必要だ。当社だけでは対応できないので、開発者が大小100社を超える金属加工会社に協力を求め、岡野工業と出会った。

基本技術を担当する岡野工業が注射針にするステンレス板を筒状に丸めて成形し、

テルモの売上高

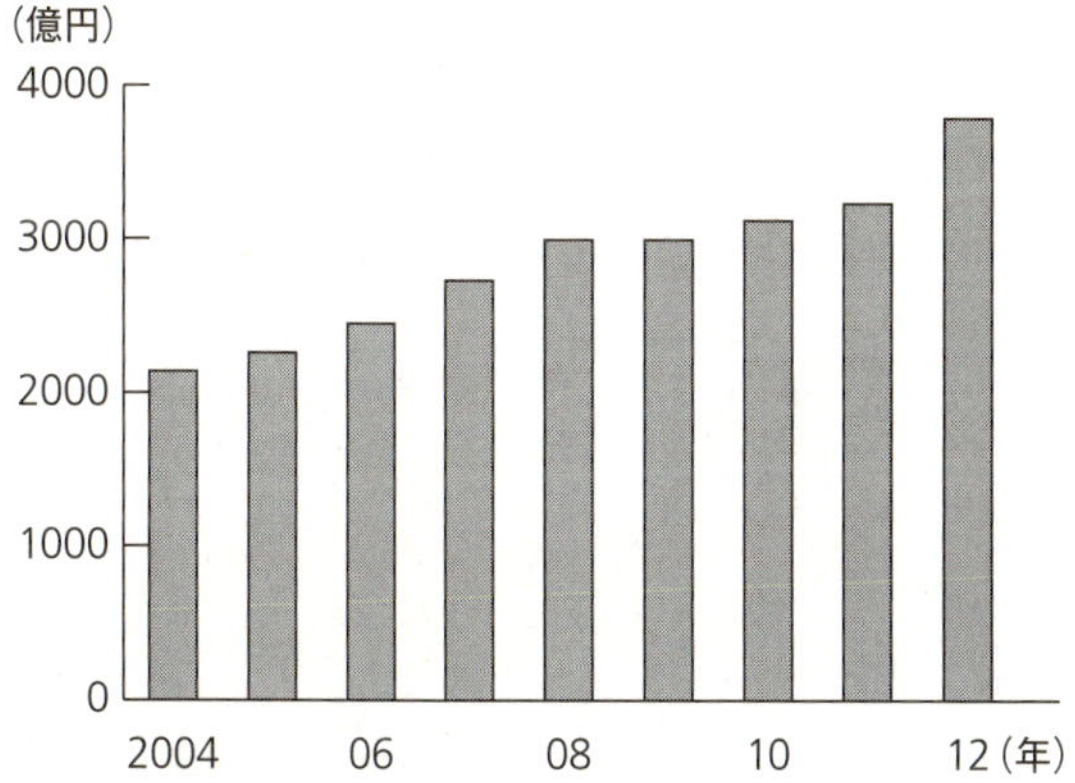

(注)　同社資料、各年3月期、連結ベース

当社が針先などを加工した。両社の技術によって、針の先端を細く根元は太くして薬剤が流れやすくした。さらに強度を維持したまま細くすることに成功した。

まず国内の糖尿病患者に供給してきた。最近になってようやく、量産化のめどが立った。これからは海外にも供給、世界市場を席巻するヒット製品に育てたいと考える。

近年の世界市場で大きな付加価値を生み出している企業は米アップル、韓国サムスングループなど。日本企業は優れた素材、部品、加工機械を供給するが、最大の付加価値を実現しているのはこうした日本製品を活用する海外メーカーである。

先端施設で機器の使い方訓練

製品や技術の付加価値とは何か。医療機器の世界において付加価値とは治療効果だといえる。広義での治療効果とは、これまで治療が困難だった病気を治せるようになることや、患者の身体だけでなく経済的な負担も軽減できることである。

治療効果という付加価値を実現するには、技術的、社会的という2段階のイノベーションが必要になる。

新たな製品や技術を世に出すため、技術的なイノベーションが欠かせないのは当然だ。その製品や技術が役に立つとして世の中に受け入れられて生まれるのが社会的なイノベーションである。

仮に個々の部品が優れていても、治療効果を発揮できない医療機器に価値はない。一方、ありふれた部品を集めて作った医療機器でも、治療効果が優れていれば、価値は莫大になる。米アップルの創業者スティーブ・ジョブズは世界中から部品を集めた。ユーザーが楽しめる製品を作り上げるためだった。付加価値はまさにそこにある。

日本企業は社会的イノベーションを軽視しがちだが、それは極めて大事だ。大きな治療効果を持つ医療機器を開発しても、スタートラインにすぎない。医療機器を使いこなすには、医師をはじめとする医療従事者の優れた技術が必要になる。

当社は02年、神奈川県内に総合医療トレーニング施設「テルモメディカルプラネックス」を設けた。病院のような医療環境を再現しており、これまでにのべ7万人を超える医師など医療従事者が使った。コンピューターによる仮想人体でのシミュレーションもできる先端施設だ。

新たな医療機器を普及させるには社会に受け入れられる理由づけが欠かせない。患者に対しては治療の選択肢が増えたことを知らせ、社会全体で医療コストの削減につながると多くの人に理解してもらう努力も欠かせない。これがものづくりの付加価値を高める。

国内にアジアの「マザー工場」

ものづくりに関する当社のグローバル戦略の一つは、日本やアジアを中心とする国際分業体制の強化である。国内ではコア（中核）技術に関わる部材の生産、新製品の試作や立ち上げに重点を置く。量産に移行した製品は順次、アジア各国の工場に生産をまかせる。

国内工場はそれぞれ対応するアジア工場の〝マザー工場〟と呼ばれ、各国の現地スタッフはマザー工場へ研修にやって来る。いまではかつての独身寮が外国人の研修生向けに改装され、国際色は豊かになっている。

当社の重要なコア技術の一つであるコーティングが好例だ。血管内治療に使うカテーテルのような製品には、血管の壁の内側を傷めないように潤滑性を持つ特殊なコーティングを施してある。この技術を進歩させるため、当社は山口市に新工場を建てる。14年に稼働する予定だ。これを含む国内工場とアジア各国の工場の連携を促し、国際分業体制を大幅に強化する方針だ。

一方、これとは異なるタイプの海外生産にも着目している。同じ医療機器の企業が集まる産業集積地への進出だ。そこでは優れた技術者の採用や生産活動において必要とされるサービスを容易に受けることができる。全体的な生産コストの低減にもつながる。

世界の医療機器業界では、アイルランドが産業集積地として知られている。大きな消費地である米国、欧州諸国への距離が短く、政府も産業振興に熱心だ。英語が公用語の一つであることも有利だ。だが、アイルランドに医療機器の産業集積が進んだ結果、賃金水準も上昇してきた。

アイルランドの代わりに注目を集めているのが中米のコスタリカである。当社が買収した米国の医療機器メーカー、マイクロベンションはコスタリカに工場を新設した。グローバル生産の新しい視点を得たことも、同社を買収したことによる収穫の一つである。

本社機能の海外移転進む

ものづくり企業にとって「本社」はあまり役に立たないと考えられがちだ。実際には優れた本社があって初めて (1)付加価値の創出 (2)社会的イノベーション（技術革新）の促進 (3)グローバル事業の運営――を効率よく進めることができる。

こうした項目のなかでも、開発、生産、販売の3機能を世界規模で有機的に結びつけるグローバル事業の運営は、極めて重要だと考えている。

当社はM&Aで傘下に収めた外国企業を中心に、いくつかの事業で〝グローバル本社〟を海外に置き始めている。これまでのところ、グローバル本社の対象になった事業の方がなっていない事業よりも成長率が高く、多くの新製品を生み出している。

海外市場を積極的に開拓する当社にとっては、事業ごとに本社機能を海外に置く形態が事業運営に適している。他の日本発のグローバル企業もいつまで本社機能を国内

米コロラド州の買収先企業での経営合宿(2012年1月)

に残しておけるのか。

もちろん、多くの企業が国内に本社機能を置く方が日本経済にとっては望ましい。本社は高等教育を受け、海外とコミュニケーションでき、創造力にあふれる人材を雇用するからだ。多数の企業の本社機能が海外に移転すれば、能力の高い若者は海外に職を求め、製造現場だけでなく研究開発の雇用も国内で減る。

各国はグローバル企業の誘致や優秀な人材の争奪戦を始めた。その方法が法人税率の引き下げ、研究開発に関わる減税措置などだ。本社機能の海外移転を食い止めるには、こうしたものづくりの基盤強化策が必要だ。

読み解く

東京大学教授　藤本隆宏氏

Point
- 技術革新、問題解決は「広義のものづくり」
- 革新的な企業は新技術、ニーズの両方に対応
- 「良い設計の良い流れ」を現場と現物で掌握

付加価値は設計情報に宿る

今回のシリーズでは、ものづくりを重視する3社のトップがそれぞれ持論を展開した。中間財（モーター）が主業の永守重信日本電産社長、消費財（家庭日用品）の沢田道隆花王社長、産業財（医療機器）の新宅祐太郎テルモ社長である。

業種、製品、工程の特性によって異なる点もあるが、3人の社長に共通するのは、

ものづくりを生産現場の作業だけというように狭くは見ていない点だ。イノベーションやソリューション（問題解決）を「広義のものづくり」の一環として連続的に把握している。トップのものづくり観は、このように広くあるべきだと考える。

広義のものづくりとは設計や製造から顧客に至るまでの「良い設計の良い流れ」をつくり、顧客満足と安定利益を得る企業活動の全体を指す。製品企画、設計、生産準備、購買、生産、販売、サービスなどはすべてこの流れの中で把握される。

ここで付加価値は設計情報に宿る。開発はその創造、生産は媒体への転写、販売は顧客に対する発信を意味する。構造設計情報を有形媒体に転写すると物財（製造業）、機能設計情報を無形媒体に転写するとサービスになる。いずれも情報転写の密度や精度の巧拙が、生産性、生産期間、品質など現場力を左右する。

3人の社長は、自社製品の設計の本質や流れづくりの要諦をしっかりと見ている。経営者は、全社の資金の流れを把握するだけでなく、会社を支える主力製品の設計情報の「流れ」を通観、国内外の現場の潜在力を見極めるべきだ。社長が財務指標だけに注目、開発や生産現場を離れれば、会社は短期動向に振り回され、戦略や方針がぶれやすくなる。設計に重大な欠陥があればトップが法的責任を問われるのだ。

製品企画力の再構築を進めよ

今回のシリーズで3人の社長はいずれも、イノベーションはものづくりと不可分だと考えている。優れたものづくりの認識だ。「経済発展論」で知られる経済学者ヨーゼフ・シュンペーターは「イノベーションとは新結合だ」と指摘した。これは人工物の機能と構造の新結合に他ならない。要するに新結合による付加価値の創出である。それは、良い設計の良い流れをつくる「広義のものづくり」の上流部分なのだ。

革新的な企業は新しい機能を世に問う他、所与の機能をより良い構造で実現する。日本電産は高度な回転機能をより小さな構造で実現、顧客を獲得した。花王は高機能型の家庭日用品を世に問い続けている。テルモは同社の機器による医療行為の機能向上を自社の役割と考え、顧客を巻き込んだ革新を進めてきた。

イノベーションは、後から用途を開拓する「新技術先行型」と、需要に応えて開発する「ニーズ主導型」の2通りに分けられる。花王の製品に多い化学品はニーズに対する設計の微調整が難しいため、新技術先行型が比較的多い。だが、子ども用おむつ

「メリーズ」の改良ではニーズ主導型になった。革新を続ける企業は両型に対応する。

ところが近年、製品革新が活発な産業で、企業の製品企画・開発能力の構築が進まないという逆説が目立つ。頻繁な新製品投入に追われ、新旧プロジェクト間の知識継承が不十分なのだ。デジタル開発技術の進歩を別とすれば、日本企業の製品開発力はバブル経済崩壊後の最近20年ほど、停滞している印象さえある。

特に「会社や顧客の人生をこの製品で変える」というほどの気迫を持つ製品企画が目立たなくなっている。経営学者ピーター・ドラッカーは、経営の根幹は顧客創造だと指摘した。経営者は、放置すれば製品企画力（顧客創造力）が低下すると考え、この能力の再構築に力を入れるべきだ。

顧客が求めるのは「サービス」

ものづくりとサービスは連続する。ここでのサービスとは広義で、機械などの人工物を操作して引き出す「機能」を指す。企業の従業員が自動車を操作し、引き出した機能を顧客に売ればサービス業（タクシー）だが、個人が自ら購入した自動車を操作して得た機能を享受すれば、それは消費（ドライブ）である。

この文脈におけるソリューションとは、企業が自ら作った製品（人工物）を自社で操作するか顧客の操作を補助することで、顧客が人工物から良い機能を引き出すところまでを支援または保証するサービス事業である。

物財（構造）の操作がサービス（機能）を生み、「設計情報の転写」という生産的サービス（「企業成長の理論」を著した経済学者エディス・ペンローズの概念）が物財を作る。両者は一体不可分である。製造業とサービス業を別々にとらえる発想は時代遅れだ。

良い企業は自社の役割を機能（サービス内容）で明示する。日本電産は製造するモーターの「回る」「動く」という機能で、顧客企業の製品の機能向上に貢献している。強い部品企業は自らを機能で定義できる。

花王は洗濯を容易にする洗剤を開発。これで消費者のセルフサービス（家事）を改善できる。

一方、テルモは医師をはじめとする医療従事者が医療機器（モノ）を操作し、医療サービスを発生させる行為をサポートしている。同社の総合医療トレーニング施設、テルモメディカルプラネックスは、「サービス支援サービス」の拠点だ。さらに患者の「人生の流れ」への貢献をめざす。

逆説的に聞こえるかもしれないが、良いものづくり企業は、顧客が最終的に求めるのは「モノ（製品）」ではなく「サービス」だということを熟知している。そしてこのサービスが、顧客の「人生の流れ」や「仕事の流れ」の本質により深く関わるとき、その事業は高い付加価値を生みやすい。

「質」を重視するM&Aに効果

企業のM&Aとものづくりは無縁ではない。M&Aを通じ、ものづくり組織能力の構築や、企業間の移転が促されることがあるためだ。これが「良い流れ」をつくるためのM&Aである。それは、自社の付加価値の流れ、被買収企業の流れ、顧客の業務の流れなどの改善や構築を視野に入れたM&Aだ。

永守重信社長の日本電産は、買収した企業の経営者や従業員を残し、その技術を活用する。その企業の付加価値や業務の「流れ」を改善する。経営者、従業員、固有技術、流れ技術の4要素が企業の利益に貢献すると考えるなら、初めの3要素には買収した企業の資源を活用。そこに強力な流れ技術を注入して黒字を実現するというわけだ。

新宅祐太郎社長のテルモは、病院をはじめとする顧客の医療サービスの流れに沿い、M&Aなどの手法で自社の機器ラインアップをそろえる。それにより、医療サービスの「良い流れ」をサポートする体制を構築した。

ビジネスのコア（中核）部分である「付加価値の流れ」が完結していない場合、例えば小売機能のような欠落部分を埋めるために実行するM&Aもある。近年は「非コア業務は外部に委託せよ」という議論が盛んだ。逆に言えば、コア部分の設計情報の流れを自社内で完結させることの重要性は増しているのだ。

こうした「流れをつくるM&A」の一義的な目的は、能力構築（経営の質の向上）であり、量（企業規模）の拡大ではない。「質を求めるためで量は結果にすぎない」という考え方である。

世界の自動車産業を見ても、「量は力」と信じて「年間400万台を生産する企業でないと生き残れない」という根拠の薄弱な仮説に踊らされた欧米企業などのM&Aは多くが失敗、10年後の株主価値を減らした。その中で効果が比較的認められたのが、能力構築やブランド活用など「質」を重視するM&Aだった。

海外、国内の両市場拡大を

先進国経済の停滞と新興国経済の成長を受け、日本企業はどちらかに集中するか、2つの市場をともに獲得するかという選択を迫られている。

両市場に対応したうえで融合を目指す両面戦略が優良企業の特徴だ。日本電産は先進国向けに高付加価値の最適設計品を売り、新興国には低価格の汎用品を投入する。花王も新興国と先進国の洗濯事情を考慮、それぞれ異なる技術を投入する。

日本企業は従来、本国の技術を現地向けの製品開発に生かす「活用型」の海外開発拠点と、海外の先端科学知識を自社に取り込む「探索型」の拠点を、主に先進国で展開してきた。テルモは先進国と新興国の双方で、活用型、探索型の拠点をともに強化しようとする。

先進国市場が縮み新興国市場が伸びるとき、顧客の要求価格は劇的に下がり、高機能で高価格の日本製品は過剰設計で没落するといわれた。だが長期的には、そう単純な話ではない。新興国の消費者でも、所得が増え製品体験を積めば、より高い機能の製品を求める。

世界市場の先行きが不透明ならば、先進国、新興国の両面開拓は理にかなう。日本企業が得意とする高機能品という「城」は国内開発拠点を中心に死守する一方、別動隊が新興国を攻略する。例えば、インドや中国などに現地の人材も活用した高品質で低価格帯の製品のグローバル開発拠点を設け、国内拠点と連動させてはどうだろうか。

日本の工場は低賃金国からの攻勢に耐えてきたが、新興国の賃金上昇が目立ち始めたことで潮目は変わった。国内に開発・生産・販売などの一貫拠点を持ち、「戦うマザー工場」として機能させないと、新興国拠点の生産性も伸び悩み、その存続自体が危うくなる。

グローバルな最適経営のためには、海外展開と国内強化の両方を同時に追求する努力が必要だ。テルモが山口市に建設する新工場のように国内拠点を新設する例もある。

大局からの詳細な観点を

日本電産、花王、テルモの3社社長の持論をヒントに「ものづくりにこだわる経営」を考えてきた。いずれも製品の特長を生かし、付加価値の「流れ」を改善する　貫した経営を実行してきた。

組織能力とアーキテクチャーの動態適合

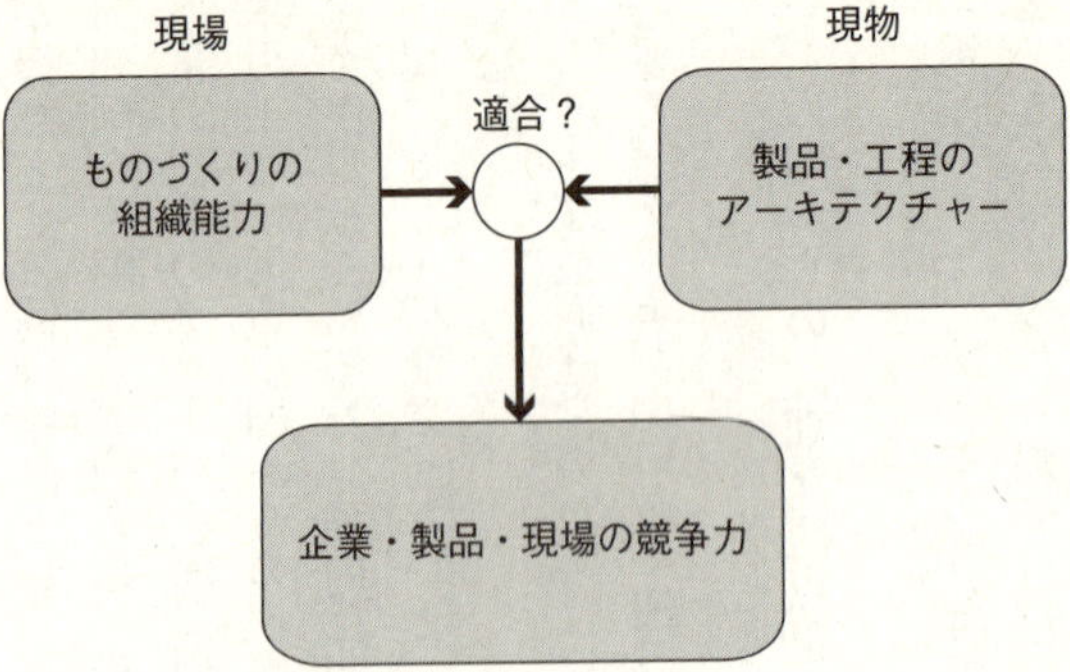

ものづくりに強い経営者の必要条件とは、「良い設計の良い流れ」を現場と現物で掌握できる能力だ。これが「現場現物適合」の論理である。こうした経営者は現場の組織能力を見極め、製品の設計思想（アーキテクチャー）を適合させる。

米ＩＢＭは90年代初め、パソコンによるアーキテクチャーのオープン化に適合できず、業績が失速した。そこで製品に組織をあわせる形で分社化を進めたが、後に方針転換し、さまざまな機能を提供できる同社のデパート型能力に設計思想の面で適合するソリューション事業に軸足を移し、急回復を実現した。

・

日本のテレビ産業はアーキテクチャーのモジュラー（組み合わせ）型化が進んだこ

とで「設計の比較優位」を失った。しかし、東芝はテレビ、パソコンの両部門を統合。より適合能力の高いパソコンの分業体制をテレビにも応用することで、競争力の向上に成功した。

自動車ではドイツのフォルクスワーゲンのモジュール設計が注目されているが、調整能力で日本企業に追いつけないと考えた同社が、強みである科学的な分析力を生かしてアーキテクチャー革新を仕掛けた可能性がある。

これらはいずれも冒頭で述べた現場現物適合の論理から導かれる。トップのものづくり観は、このように大局的かつ詳細なスケールであるべきだ。

第Ⅶ章　地方からのオンリーワン

1

サラダボウル社長　田中進氏

Point
・農業を「普通の仕事」に
・効率化へＩＴを積極的に利用
・自社ブランドの浸透に力を入れる

農業はもうからないのではない

外資系金融機関などで10年間働いた後、２００４年に故郷の山梨県中央市で農業生産法人サラダボウルを立ち上げた。農業生産法人とは農業委員会の許可を得て農地を利用できる法人である。親は農家だが、家業を継いだわけではない。耕作放棄地を借りてビニールハウスを建て、求人広告で人を集めた。まさにゼロからのスタートだった。

まずトマトを栽培。いまではナス、キュウリ、各種葉物野菜など約60品目の作物を生産、出荷する。微生物を使った土作りなどによる無農薬または減農薬の野菜作りだ。従業員は2月時点で43人。12年3月期の売上高は1億4千万円だった。

中央市は冬でも日照時間が比較的長く、野菜栽培に向いている土地が多い。関東、関西という2大消費地の双方に近く、物流面でも利点が多い。

「なぜ農業を始めたのか」とよく聞かれる。「心の底から夢中になれる仕事がしたかった」と答えている。私は農業を先祖から受け継いだ「特別な仕事」ではなく、だれでも従事できる「普通の職業」にしたいと考えている。農業の新しいカタチをつくることに人生を懸けてみたかったのだ。

サラリーマン時代にさまざまな業界の経営者に会って実感したのは、もうかる仕事と、もうからない仕事の区別などないということだった。成長産業でもだめな会社はあるし、斜陽産業でも工夫や情熱次第で素晴らしい会社になれる。農業は大きな利益を得にくいといわれるが、決してそんなことはないと思っていた。

日本の農業は手厚い保護を受けてきたが、それにより工夫の余地が多く残った。一般企業が活用するマネジメントやマーケティングの技法を当てはめることで、少しずつだが、生産性を高めていけると確信している。

「カイゼン」で生産性を向上

栽培面積は山梨県中央市を中心に12年3月末が18万8千平方メートル（18・8ヘクタール）で、04年の創業時の30倍近い。設立時はまったくの素人だったので、先入観を持たず合理化を進めてこられた。

その一つが、生産性の向上につながる「カイゼン」活動である。農業は重い機械や資材を運ぶので、ちょっとした工夫で生産性を上げられる。

例えば、耕作地までトラックに乗せて運ぶ小型の農業機械を置く場所を倉庫の床でなく、トラックの荷台と同じ高さの台に変更した。すると荷台への積み込みが格段に速くなり、作業時間を短縮できた。04年の創業からしばらくの間、平日午後の1時間を「カイゼン」の具体策の実践にあてていた。

ITは積極的に利用している。従業員はスマホから自分の作業状況を管理システムに入力。それを他の従業員もチェックできる。作物に異変を感じたらすぐにスマホで写真を撮って送り、リーダーの指示を受ける。蓄積したデータで作物の生産コストを

サラダボウルの栽培面積

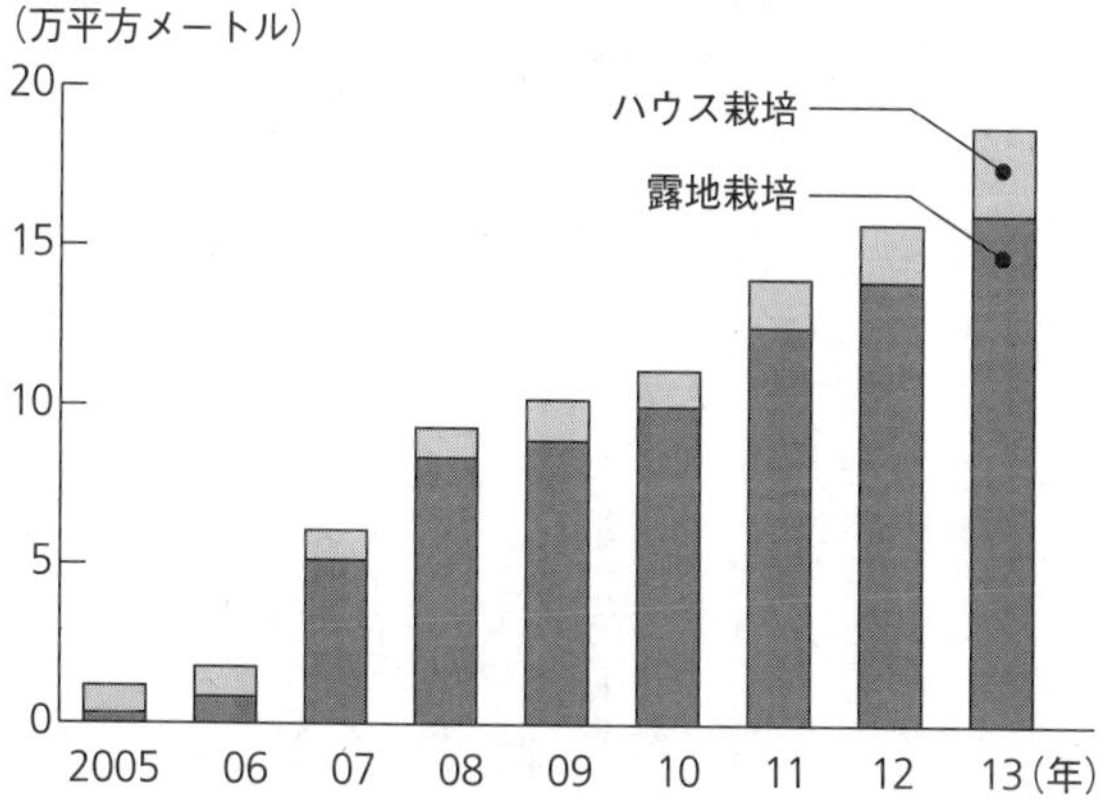

(注)　同社資料、各年3月末

計算し、経営判断に使うこともできる。

取引先の流通会社やレストランが求める規格の商品を約束した価格と量で供給する。商品企画にも力を入れる。パプリカは値段が高いわりに「大きくし使い切れない」という顧客が多かったので、小ぶりで値段の安い商品を用意した。トマト栽培と並行してパプリカを収穫できる仕組みをつくり、人件費を圧縮した。

値段が高いのは、余計なコストがかかっているからだ。それを取り除けば適正価格になる。他の産業と変わらない。

「見える化」で仕事に意欲

サラダボウルに就職する若者は、農業経験のない人がほとんどだ。こうした人たちが早く技術を身につけ、一人前の農業従事者になれるよう人材育成には力を入れる。そのための工夫の1つが、仕事の「見える化」である。野菜を育てるには(1)具体的にはどんな作業項目があり(2)それはどの程度の経験があればこなせるか(3)どのくらい重要な作業か——といった指針を葉物野菜などの品種ごとに示している。

例えば「作物を植える畑のうねをつくる」ことは研修生でも可能だが、「どの品種をいつ植えるか計画を立てる」のはベテランにまかせるといった具合だ。これにより現状の能力で自分ができる仕事の範囲がわかり、さらに複雑で重要な仕事に挑む意欲につながる。

農業にはさまざまな技術や知識が必要だ。従業員は毎朝1時間、自主的な勉強に励む。従業員はそれぞれ、栽培、マーケティング、リスク管理などを自習する。コツコツと学んでいると、それが大きな力になる。職場の畑と学習の場を何度も往復するうちに、知識が厚く蓄積されていく。

ナスの栽培を指導する社長㊥
（2011年、山梨県中央市）

優れた栽培技術を持つ農家に講習会を開いてもらうこともある。農業も最先端の知識を取り入れることが重要である。

他の業界からも積極的に学んでいる。激しい農作業で体を壊す従業員が増えた際には、臨時にスポーツトレーナーを招いた。疲れにくい体をつくるためのトレーニング方法や、体を痛めない農作業の仕方を教えてもらった。サラダボウルの従業員には小柄な女性もいるが、元気で働けるのはこうしたケアの成果だ。

産地間協力へ、中核農家を育成

野菜の栽培・販売の他の事業にも積極的に取り組んでいる。農業の収益はどうしても天候などの外部要因で左右される。経営を安定させ、農業の魅力を広げることが目的だ。いまでは売上高の3割強を占める。

そのなかでもっとも大きな事業が09年、山梨県中央市の耕作地近くに開業したレストラン「サラダボウルキッチン」だ。とれたての野菜を使った料理を食べられる他、店頭で総菜などを買うこともできる。畑で作ったおいしい野菜を一般の人に食べてもらい、〝サラダボウルブランド〟を浸透させる狙いだ。

野菜栽培に関する独自のノウハウを生かしたコンサルティングも手掛けている。耕作放棄地が増え続けていることから、新たに農業に参入しようという一般企業も多く、サラダボウルの知識を求めている。実際の農業に関し具体的な助言ができる銀行やシンクタンクは少ないため、コンサルタントの需要は大きい。

地域のリーダーとなる中核農家の育成事業にも乗り出している。全国の農家をインターネットでつなぎ、サラダボウルなどが農業経営のノウハウを提供する。産地間でいがみ合うのではなく、協力して農業を盛り上げていくべきだと思う。

最近では大きな仕事でも声をかけてもらえるようになった。早ければ13年に大手商社や農業育成ファンドなどと共同で出資し、トマトの大規模な温室栽培を始める。100人以上の地主の土地をまとめ、12ヘクタールの敷地を確保する。農業の温室としては国内最大級の規模となる。ここで温度や湿度などの環境を制御、高品質で多収量の栽培方法を確立したい。

うまくいけば、モデル事業として、全国にノウハウを普及させたいと考えている。日本では法律や規則で自由度がまだ低いが、農業は大きな可能性を秘めた産業だ。サラダボウルは、それを掘り起こす企業でありたい。

2

カイハラ社長　貝原潤司氏

Point
- 工程の垂直統合で一貫生産
- 顧客と直接取引でニーズを素早くつかむ
- 縫製は手掛けないなど「べからず集」を守る

地域に根づきデニムシェア6割

当社は広島県福山市に本社を置く日本一のデニム専業メーカーだ。デニムとはジーンズの材料になる布のこと。通常は濃紺などに染色したたて糸に、未加工のよこ糸を織り込み厚めにつくる。製造は国内工場だけで、国内の総生産量に占めるシェアは2012年2月期で57％と推定している。

特徴は ⑴紡績 ⑵染色 ⑶織布 ⑷整理加工（防縮加工などの仕上げ）——の4工程を社内でこなす一貫生産である。工場は本社を含め国内に4つあるが、いずれも本社から自動車（トラック）で1時間以内で行ける。00年ごろまでは最大で7工場あったが、繁忙期の人員配置などを効率化するため4工場に集約した。

一貫生産による垂直統合には利点が多い。顧客のジーンズメーカーの注文に素早く対応でき、商品についてクレームを受けた場合には何が問題なのか短時間で工程をさかのぼれることだ。紡績部門は綿花を米国、オーストラリアなど5、6カ国から輸入するが、同時に製造したデニムの一部を輸出するので外国為替相場の変動をある程度はヘッジ（回避）できる。

日本のメーカーは製造拠点を賃金水準が低い海外に広げているが、当社はこれまで海外で生産したことがない。1991年に紡績工場が竣工した際には、取引のある銀行などから「なぜ国内生産にこだわるのか」と不思議がられた。繊維産業は労働集約型と見られがちだが、当社が担当する布づくりの大半は機械が担う。装置産業だから、国内でも海外でもコストに大差はないと考えている。

国内でも「地方」と呼ばれる地域で雇用を生むので、会計上の優遇措置なども受けられる。約650人のグループ社員の多くは地元出身で帰属意識も強い。地域に根づき、利点を生かしている。

地元産「かすり」の技術応用

当社は1893年、地元の特産である「備後絣《かすり》」のメーカーとして誕生した。絣とは柄に合わせて染色したたて糸とよこ糸を使った織物で、主に農家の作業着に用いた。江戸時代に福山藩主が農家の副業として綿花の栽培を奨励。それを使ったものづくりの精神が、いまの広島県福山市では培われていた。

戦後、備後絣は全国に市場を広げたが、日本経済の成長と農業人口の減少とともに需要は減退した。そこで1960年には当時の中近東で主にイスラム教徒が着ていた「サロン」と呼ばれる衣料向けに絣を改良、順調に輸出量を伸ばした。だが67年に南イエメン人民共和国が英国支配から独立したことで外国為替市場が混乱、サロン輸出は停止を余儀なくされた。

経営困難に陥った当社を懇意の地元縫製会社の社長が訪れ、ジーンズの布地であるデニムの生産を勧めた。当時はベトナム反戦運動が日本にも波及し、若者がはいていたジーンズは平和の象徴だった。デニムならば当社が備後絣やサロンの製造で培った

カイハラのデニム生産量と国内シェア

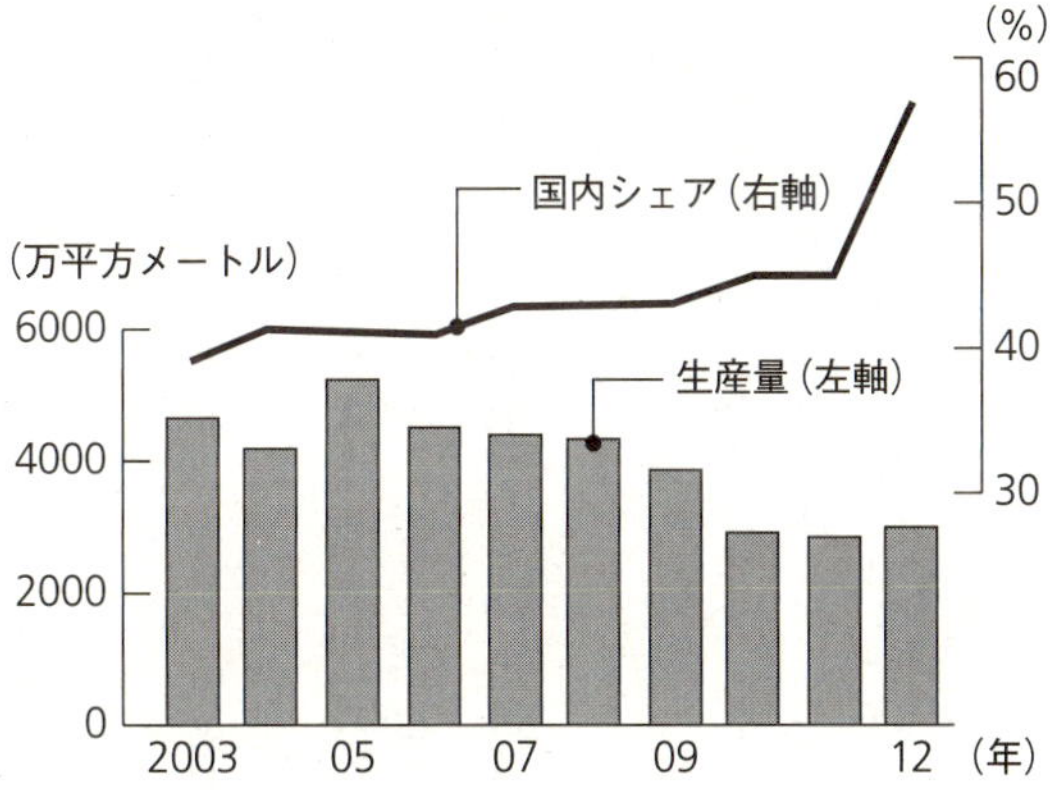

（注）カイハラ推定、各年2月期、輸出分含む

染色などの技術が生かせると判断した。

そのころの日本のデニムメーカーは綿糸を芯まで染色したので、ジーンズをはき込んでも色落ちせず、独特な風合いを出せなかった。そこで調べてみると、本場米国ではたて糸をロープのように束ねて染色していることがわかった。これならば芯の部分を染めず、適度な色落ちを実現できる。

当社は70年、この「ロープ染色」ができる機械を製造。73年にはジーンズの米有名ブランド、リーバイスに採用され、世界市場で認知された。

下請けにならず、積極提案

当社は「下請けにはならない」を社是の一つにしている。実際にはジーンズメーカーから発注を受け、ジーンズの生地になるデニムを納入している。だが、受注で受け身にならず、ジーンズの新製品の共同開発について積極的に提案している。

日本でも海外でもジーンズの開発は(1)デニムメーカー (2)スタイルを決めるジーンズメーカー (3)製品として仕上げる洗い加工会社——の3者が共同で携わることが多い。

当社は国内でユニクロ、エドウィンといった大手ブランドの商品開発に加わってきた。海外では米国のリー、オランダのデンハムといった有力ブランドが顧客。日本のデニム輸出量の7割を当社の製品が占めている。

顧客との取引には商社を通さない。共同開発には顧客とのコミュニケーションが重要で、第三者が介在すると時間がかかるうえに正確な情報が伝わらない可能性が高まるからだ。最近では商品サイクルが速まり、ジーンズのように基本的な型が決まった衣料でも、数カ月単位でスタイルが変わる。国内、海外の消費者ニーズをいち早くつ

紡績の工程で指示を出す社長㊨
（2012年2月、広島県内の工場で）

かむには直接取引が最適だ。
顧客には常に、デニムの新商品を提案する。サンプルを作る。年間に800～1000の新たなサンプルを作る。随分多いと思われるかもしれないが、糸の作りや染色方法などを微妙に変えれば可能だ。このうち200種前後を実際に受注する。当社はいつでも生産ラインに乗せられるデニムを約4500種用意して、顧客の要望には柔軟に対応できる。いま実際に生産しているのは300種ほど。デニムの技術は日進月歩なのだ。

女性向けの高機能品を強化

高機能のデニム製造を強化していることも当社の特徴である。ジーンズはかつて男性がはく衣料だったが、00年ごろから目立って女性向けの需要が増えてきた。いまでは国内で生産される年間2300万本前後の6、7割が女性向けだ。女性の社会進出に拍車がかかっていることとも無関係ではないと考える。

女性向けジーンズは伸縮自在のスリムタイプが多い。この際にはデニムのよこ糸に外部の繊維メーカーが提供する高機能素材を使用する。体にフィットするだけでなく、保温性が高いデニムなども生まれている。こうしたデニムは国内だけでなく海外のジーンズメーカーにも販売している。

当社のデニムは国内で他社製品を含めた平均よりも高値で取引されているが、海外でも最高水準の価格を維持している。

最近の海外でのデニム価格は幅150センチメートルで1ヤード（91センチメートル）が、当社製品で7ドル前後。これに対し、世界でかなり安い水準にある中国の地場メーカー製品が半額の3・5ドル程度とみられる。世界のデニム市場ではイタリア、トルコのメーカーが流行を取り入れた商品を7ドル前後で販売しているが、品質は当社の方が安定している。世界市場において、それほどシェアを奪われてはいない。世界のアパレル業界で「カイハラ」ブランドは注釈なしで語られるほど有名になった。各国のデニムメーカーが当社を目標に商品開発を進めている。追われる立場となって、世界最高水準の品質と価格を保つにはこれまで以上の努力が必要だ。

当社がこれからも守っていきたい「べからず集」がある。(1)労働集約型となる縫製は手がけない　(2)長期投資と素早い意思決定を妨げる株式公開はしない　(3)少量の注文は原則として受けない　(4)綿花の在庫を最小化しない（多めに在庫を持つ）――などだ。他にもいくつかの〝禁じ手〟はあるが、時代の変化とともに見直す可能性が出てきた。

国内が縮小、初の海外生産も

日本ジーンズ協議会によると、国内のジーンズ生産量は11年が約2300万本で、ピークの05年より5割以上減った。海外への生産移行だけでなく、主力購買層である若い世代の人口減も大きな要因である。

国内工場しかもたない当社のデニム生産量も12年2月期は約3000万平方メートルで、これまで最も多かった05年2月期より4割ほど落ち込んだ。他社が生産縮小や廃業に追い込まれるケースが増えたため、国内生産におけるシェアは高まったが、危機感は共有している。

国内市場の先行きは明るくなく、ジーンズのメーカーや小売店はアジア諸国を中心に新興国市場の開拓を急ぐはずだ。当社の重要な顧客であるユニクロも13年夏には2億4千万人の人口を抱える大市場のインドネシアに1号店を開く予定だ。

当社はこれまで国内生産にこだわってきたが、顧客を海外メーカーに奪われないようにするには、ジーンズメーカーと一緒に海外に出て、現地で生産する可能性も探らなくてはならないと考え始めている。あるいは、海外メーカーに生産技術を供与、当社ブランドでの顧客へのデニム供給を要請することもできる。

これまで通りに海外生産を控えるならば、欧米のジーンズブランド向けの輸出を増やさなければならない。その際はデニムの品質向上に努め、高値を維持しないと大きな利益をあげられない。

当社は紡績も手がけているが、作った糸を外部に売らない姿勢を貫いてきた。だが、収益を増やすには、これを見直すこともありうる。これまでも他の織布会社から糸を預かり、染色加工をして返却して加工賃を得るビジネスをしてきた。

市場環境が激変するなかで、当社が高めてきた染色や織布の技術、企業マインドを次世代に伝える努力が必要だ。グローバルな戦いのなかで生き残れる人間力に満ちた人材育成に力を入れたい。

3

東北電子産業社長　山田理恵氏

Point
・商社部門では他社製品も販売
・地元大学などとコミュニケーション
・輸出志向なら地方立地は不利にならない

物質劣化の測定装置がヒット

仙台市が本社の当社はＮＥＣの研究者だった佐伯昭雄会長が１９６８年、出身地の同市で創業した電子応用機器メーカーだ。私は会長の長女で、08年から社長を務める。

現在の従業員は60人弱で年間の売上高は約10億円。大学や企業の研究所で使う測定装置などさまざまな実験機器を開発、製造している。レーザーを精密に調節する部品が主力で、工作機械などのメーカーに供給。一方、併設する商社部門では、他社製品を含めて扱う。

主力製品の一つが、物質の劣化の度合いを測定する「極微弱発光計測装置」だ。当社の売上高の2割前後を稼ぎ、他の製品より利益率が高い。

原理はこうだ。大半の物質は劣化に伴い酸化が進行。その際にホタルの光の1万分の1程度の弱い光を出す。これを感知し劣化の度合いを測る。

大学をはじめとする研究機関向けの精密装置だが、品質検査を重視する日本国内では企業からも引き合いが強い。国内でこれまでに約400台を販売した。仕様を顧客にあわせる受注生産で、価格は1台400万～2000万円。同方式の劣化測定装置では国内シェアが8割を超えるはずだ。

開発のきっかけは70年代半ば、東北大学工学部の先生からの依頼だった。酸化物が弱い光を出すことは知られ、50年代には海外で研究が始まっていた。先生はこの研究に携わり、当社に対し非常に弱い光の測定装置の開発を求めたのだ。

装置の構造自体は難しくなく、70年代後半に完成した。それでも光の正体が不明瞭で、当社が装置を農学部にも提供。実験では、古い即席めんがよく光るとわかった。

揚げためんの表面に付着した油分が酸化、発光していたのだ。劣化計測で世界最先端である極微弱発光計測装置が生まれた。

部品選びで独自ノウハウ

酸化物が放つ光で物質の劣化の程度を測る「極微弱発光計測装置」は当初、食用油の劣化測定装置として売り出した。血液中の油分（過酸化脂質）の測定もできることがわかり、東北大学医学部の先生が使い始めた。

さらに一般企業が、劣化しにくい化粧品の開発、自動車産業における素材開発、部品検査などさまざまな場面で活用する。

輸出実績は累積で50台程度。台湾、韓国をはじめとするアジア向けが中心だ。だが、この方式の劣化測定装置としては海外での市場占有率も8割に達する。米欧の大学、研究所、企業からの引き合いも目立ってきた。

当社の装置は、サンプルをセ氏80～200度ほどに加熱、酸化物質の光をとらえる。光を検出する光電子増倍管という部品は装置の心臓部とも呼べるが、これは外部の会社から仕入れている。

東北電子産業の「極微弱発光計測装置」の地域別輸出実績

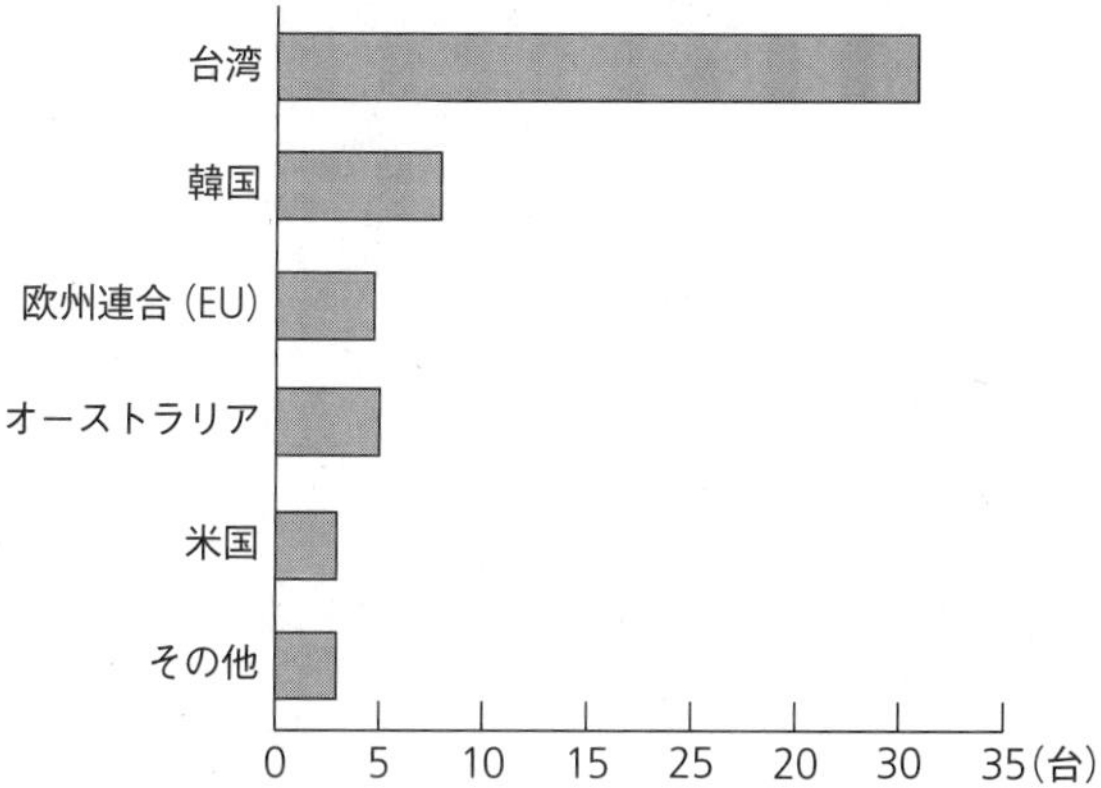

（注）　同社資料、1990〜2012年累計

　当社独自のノウハウは購入した光電子増倍管を1本ずつ調べ、高性能品だけを選ぶ工程で生かされる。さらに測定とは関係ない光が装置に入り込まないように、完全な暗室作りの技術もある。光の強さから物質の劣化度合いを解析するソフトウエアも自社開発。これまでに国内で取得した関連特許は約20件にのぼる。サンプルごとに特別な計測作業の手順も用意する。サンプルによって光り方が異なるためだ。

　装置を当社がほぼ独占できている背景には、こうした独自のノウハウがある。企業や研究所が装置を購入する前に、サンプルが解析可能かどうか当社で試すトライアルも受け入れている。手間がかかるので大手メーカーは参入しにくいのだ。

たくさん試してたくさん失敗

1968年の創業当時から地元の東北大学の教員をはじめ、全国の研究者と交流して新たな製品開発に挑戦してきた。主力製品に成長した「極微弱発光計測装置」も同大学からの開発依頼がなければ生まれなかった。それでも大学と企業の「産学連携」による製品開発には困難がつきまとう。

当社には開発・製造部門とは別に、他社の電子機器を販売する10人程度の商社部門がある。メンバーは毎日のように大学や企業などを回り、さまざまなメーカーの機器を売っている。東北大出身の私自身も人脈を生かして営業に携わる。

こうした活動のなかで、先方から「このような装置を作ってほしい」「この技術を製品化してはどうか」といった相談や提案を受ける。

実際に開発に乗り出すこともある。だが、それがいつもヒット商品につながるわけではない。たいていの場合、大学が取り組むのは最先端の基礎研究だ。学術論文としては価値が高くても、製品として幅広く受け入れられるとは限らない。

産業界で「死の谷」と称される製品化までのハードルを乗り越え、「(進化論の)ダーウィンの海」と呼ばれる競争と淘汰を生き残り、最後に成功する商品は一握りだ。ではどうしたらよいのか。結局はたくさん試して、たくさん失敗する経験を経ないと優れた製品は誕生しない。企業が大学の研究者との交流を深めることが、産学連携を進める第一歩になる。

研究に必要な装置や道具を大学が地元企業に発注する仕組みをつくり、コミュニケーションを深めながら共同開発の機運を高める必要がある。

産学連携は容易ではないが期待は大きい。宮城県では13年初め、県の外郭団体、工業会(企業の集まり)、東北大の3者が、それまで個別に開いていた交流会を初めて共同で開いた。日本の大学には研究に基づく商品のシーズ(タネ)がたくさんあるのだ。

地域重視、細かい需要拾う

当社が本社を置く仙台市は東北の地方都市である。創業者は、自身の出身地で、住宅も安いことからここを拠点にした。賃金が安く、補助金など自治体の支援も受けら

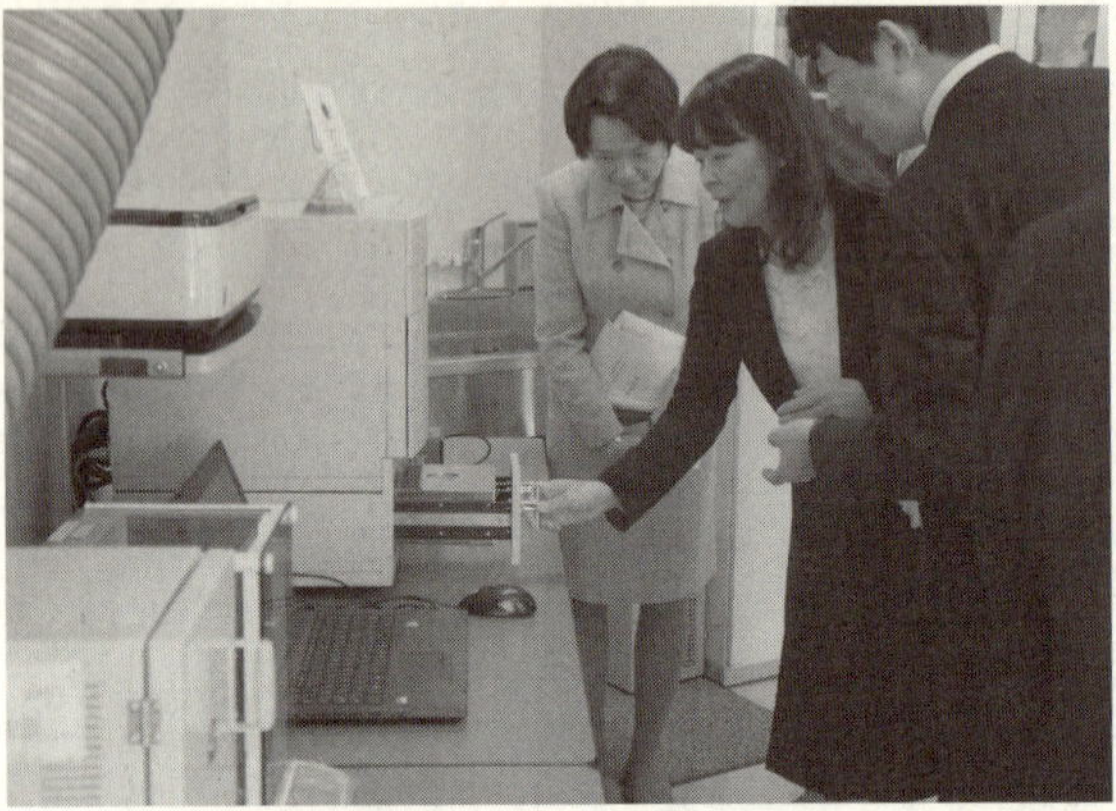

2013年3月、仙台市の本社で
劣化測定装置の説明をする山田社長㊥

れる一方、得意先の大学や研究所が多い関東、関西には遠く、事業に最適な立地だとは言い難い。

それでも東北で経営するメリットはある。第1に東北には我慢強くまじめな人材が多い。改めてそれを感じたのは、11年3月11日の東日本大震災で被災した後だ。

地震で本社の建物は全壊。工場も被害を受け、操業を全面停止した。幸いにも従業員は全員が無事だったが、津波で家が水浸しになったため、その年の夏まで避難所から通勤した社員もいた。

それでも地震から11日後には、不完全ながら工場が稼働し始めた。ガソリンが不足したため、社員は社用車に相乗りして通勤した。工場では停電の期間中、明るい窓際で装置を組み立てた。

地元の有力大学の研究者と信頼関係をじっくりと築けることも地方企業の利点である。関東や関西の大都市には大学が多いが、競争相手の企業も多い。地域を人事にする企業だからこそ、研究者の細かいニーズをとらえることができるのだ。

これからの製造業にとって最大の課題は海外展開だ。当社も、全製品の年販売額のうち輸出が占める割合は数％だが、将来は5割前後まで高めたい。国内でつくって輸出するなら、地方で事業をすることは必ずしも障害にはならない。メーカーは賃金が低いというだけで生産拠点を海外に移すべきではないと考える。

4

大垣共立銀行頭取　土屋嶢氏

Point
- ひと味違う商品やサービスが不可欠
- 規制緩和は事業拡大の好機
- 異なる業種の他社からヒントを得る

顧客本位でATMを年中無休に

私が頭取に就任した1993年のころ、日本の金融界はなお「護送船団方式」と呼ばれる保護行政にどっぷりとつかっていた。監督官庁の顔色をうかがいながら横並びで動く金融機関ばかりで、非常に窮屈だった。そんな中で「顧客本位」を重視していた当行は異色といえた。この文化を守り、さらに発展させるのが私の使命だと考えた。

94年にはATMを年中無休で使えるようにした「エブリデーバンキング」サービスを全国の金融機関で最初に始めた。しかし、銀行業界の集まりに参加すると、「銀行は土、日曜日を休み、お客が金曜日にまとめてお金を引き出せばいいのだ」という声が聞かれた。

肩身が狭い思いもしたが「土日も利用したいというお客さんの願いこそが大事」という信念は揺るがなかった。

当行の営業地盤である岐阜、愛知両県では顧客がサービス業に期待する水準が高く、銀行も業界で横並びのサービスを提供するだけでは顧客を引きつけられず、ライバルとの競争にも勝てないと考えた。地域に必要とされる銀行であるためには、ひと味違う商品やサービスが不可欠なのだ。

私は旧富士銀行勤務を経て、祖父と父がともに頭取を務めた当行に入り、早くから周囲に将来の頭取候補だとみられていた。だが「銀行家」「バンカー」と呼ばれるのは当時から嫌いだった。

これはジャーナリストから銀行経営に転身した父の反骨精神の影響だと思う。父は監督官庁の意向に背いて高層ビルの本店を建て、エブリデーバンキングの前段階といえる日曜日のATM稼働サービスを始めた。工夫を凝らす金融業界の風雲児だった。

常識にとらわれない姿勢を貫いた父の路線をさらに加速させ、父を乗り越えたい。

離婚専用ローンはニーズ優先

金融行政に変化が訪れたのは90年代の後半。政府は金融ビッグバンと呼ばれる大きな規制緩和に踏み切り、金融機関は金融商品・サービスを自由に開発、提供できるようになった。顧客本位を重視する当行はこれを絶好の機会ととらえ、新たな商品やサービスの提供に力を入れた。

新しい金融サービスの核は、ここでもATMだった。銀行の「顔」でもあるATMに対し、顧客はさまざまなニーズを持っている。これを積極的に吸い上げ、顧客に「こんなサービスを考えたので、よかったら使ってください」と提案している。

ATMを巡っては、自動車に乗ったままで操作できるドライブスルー型（00年）、一日の支払限度額を自由に設定できるサービス（04年）、現金が当たる「ルーレットゲームサービス」（06年）、スポンサーの負担で時間外手数料を半額にする「コマーシャル付き」（07年）といった新サービスを立て続けに実施してきた。

現在の課題が「手のひら認証ATM」の普及だ。キャッシュカードを使わない代わりに、手のひらをセンサーにかざし、生年月日と暗証番号を入力すれば取引ができるシステムである。11年の東日本大震災後、キャッシュカードや通帳を紛失して困っている人を見て導入を決めた。取扱店舗を順次、増やす。

ユニークな金融商品も相次ぎ投入している。07年に取り扱いを始めた離婚専用ローンは、離婚の際の諸費用を融資する商品だ。飲食店で「離婚したいがお金が足りない」という声を聞いて開発した。「離婚をビジネスにしてよいのか」という声もあったが、顧客のニーズを優先した。

12年3月末の当行の個人顧客数は172万人、個人預金残高は約2兆9千億円。02年3月末に比べそれぞれ10％、36％増えた。顧客が何を必要としているのかを突き詰め、これに応えるためいち早く行動した結果だ。

1年間のサービス業研修

頭の固い「銀行員」ではなく、顧客本位で動く「サービス業の従事者」として仕事に取り組んでほしい――。こんな思いを込め、行員たちの意識改革を促す人事・研修制度を導入している。

若手行員と議論する土屋頭取㊧
（大垣市の本店で、2010年4月）

10年ほど前から毎年、30歳前後の行員たち約10人を異業種に1年間、派遣している。この研修先はコンビニエンスストア、テレビ局、ホテルなどさまざまなサービス業だ。

行員の一人は研修先のホテルで「顧客の言うことはすべて正しい」とたたき込まれ、もてなしの精神の大切さを痛感したという。コンビニの店長を務めた行員は、アルバイトの管理、商品の配列から在庫管理まで広がる仕事から多くを学んだ。

研修先から戻ってきた行員たちは、それぞれの部署で、従来の仕事の延長ではない新たな発想により銀行の業務に革新をもたらしている。

頭取が若手の行員と直接に討議する〝模擬役員会〟の「ボード・オブ・ジュニア・オフィサーズ」（ＢＪＯ）も10年以上前から続けている。20、30歳代の10人程度を公募で選び、１年間、同じメンバーで毎月１回、議論する。最初に年間のテーマを与え、１年間かけて仕上げていく。地域活性化の新しいプロジェクトなどがここで生まれた。

メンバーには本物の常務会を傍聴させ、経営の幹部は何を考え、どんなプロセスを経て意思決定しているのかを見せている。上から指示された通りに動く行員ばかりでは激動の金融界で生き残っていけない。経営陣の考え方を理解した上で、自分なりの考えを持ち、主体的に動く行員が育ってきたと実感している。

アジア拠点で顧客に情報

当行の営業地盤である岐阜、愛知両県には、財務内容が良好で手元資金も豊富な企業が多く、銀行の貸し出しが伸びにくい。「名古屋金利」と呼ばれるように、銀行の貸出金利が全国平均より低い傾向もある。

だからこそ、企業取引にも個人取引と同様に独自性が求められる。12年３月末の当行全体の貸出残高は約３兆円。このうち中小企業向け貸出残高が４割強を占め、５年

大垣共立銀行の貸出残高

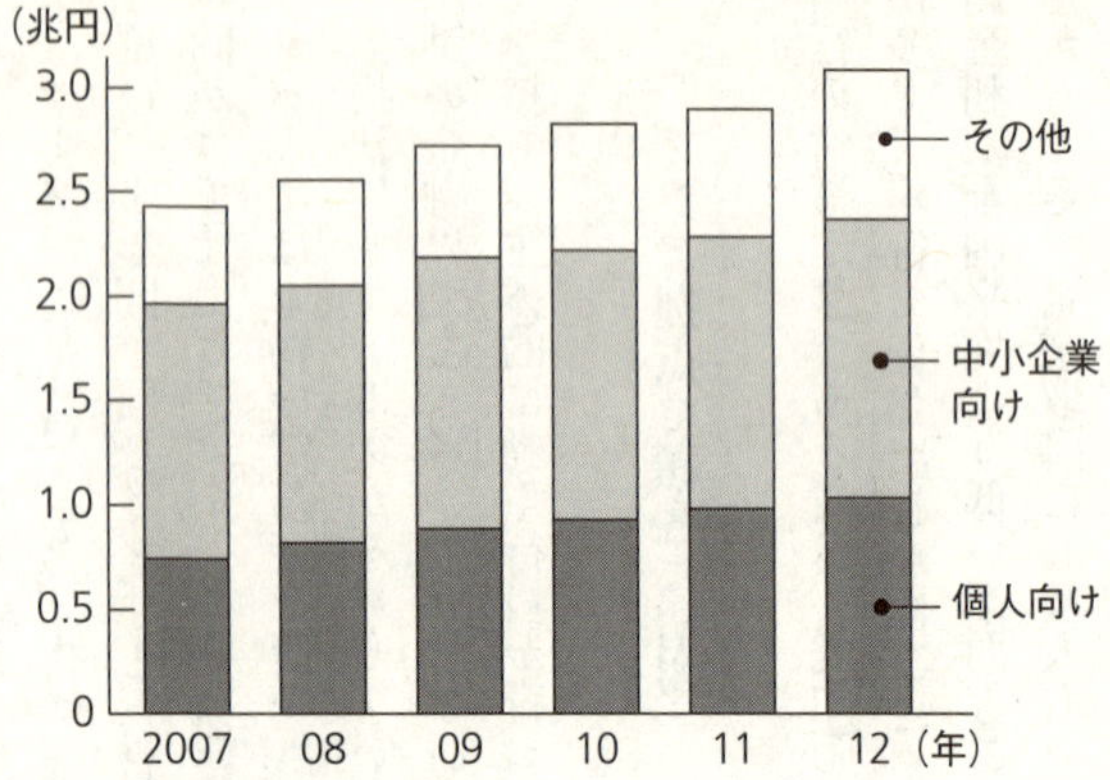

(注) 同行資料、各年3月末

間で残高は約9%増えた。企業取引は引き続き重要な収益源である。

「あの銀行を頼れば何とかしてくれる」と思われる存在になりたい。地元企業が元気になれば地域経済の活気につながり、資金需要は増加する。アジアに進出する企業向けサービスはその一例。タイ、ベトナム、中国、香港に駐在員事務所を設け、さまざまな情報を提供している。現地に取引銀行の拠点があれば海外経験が豊かでない企業は安心できる。アジアでの拠点をさらに増やす。

経営が悪化した企業の〝幕引き〟の手伝いも当行の仕事だ。やむなく廃業する企業もある。地元自治体の要請もあって3年前に取り扱いを始めたのが「カーテンコール」というローンだ。企業を対象に廃業のための資金を融通している。

地元企業との取引には過去の「歴史」が重要になる。その企業の経営者の考え方、販売先、当行との取引履歴などを担当者はよく知っておく必要がある。支店長が交代するたびに「どんな企業ですか」と質問しているようではだめだ。地元企業との関係を組織全体で継承していきたい。

読み解く

広島大学准教授　加藤厚海氏

Point

- 産業集積地では過当競争を避ける必要
- 「あきれられる戦略」が成功すれば効果的
- 地方の大学が人材の供給源に

産業集積が技術普及を促進する

今回のシリーズでは東京、大阪といった大市場から地理的に離れた地方で活動する有力企業、4社の事例を紹介した。

総括の初めに地方都市における産業集積のメリットについて考えてみよう。産業集積とは、比較的狭い地域に、相互に関連の深い企業が多く集積している状態を指す。

産業集積が形成されている地方で関連する事業を手がければ、集積分野の技能労働者の雇用が他の地方よりも容易になる。

4社の中では、デニムという生地の生産で国内シェアの6割を握る広島県福山市のカイハラがこれに近い。ここでは江戸時代から綿花の生産が盛んで織布や染色の技術が集積されていた。特産の備後絣《かすり》という染色済みの糸を使った織物の技術を土台に、競争の激しい世界のデニム市場でも高い評価を得る。

豊富なニーズが近隣に多いのも強み。仙台市の東北電子産業は画期的な新製品「極微弱発光計測装置」を開発した。東北大学の工学部や医学部のニーズをうまく取り入れた成果だ。山田理恵社長も同大学の出身である。

経営学者のマイケル・ポーター米ハーバード大教授は特定分野で関連する企業や大学などが1つの地域に集まり、競いながら協調する状態を「クラスター」と呼ぶ。例えば、米西海岸のシリコンバレーはITのクラスターだ。プログラマーなど関連技術者、弁護士・会計事務所、ベンチャーキャピタルも集まる。

ノーベル経済学賞を受けたポール・クルーグマン米プリンストン大教授によると、同一産業が地理的に集中することで(1)特殊技能労働者が集まり労働市場を形成(2)その産業に特化したさまざまな財・サービスを安価で提供(3)情報の伝達効率が高まって技術の普及を促進——などの利点が生まれる。

産地では競争と協調の均衡を

前回に引き続き、地方における産業集積について考察を進めたい。産業集積が進む地方の〝産地〟では、関連する多数の企業が互いに競争しながら協調していると指摘した。内部にはルールがある。どのような競争と協調が望ましいのか。

マイケル・ピオーリ米マサチューセッツ工科大（MIT）教授とチャールズ・セーブル米コロンビア大教授は共著「第二の産業分水嶺」で、産業集積の内部では過剰な参加を避けるべきだと述べた。イノベーションを促すような競争を奨励すると同時に、これを阻害するような競争は制限することが望ましい、とも指摘した。

一般に、産業集積の内部のルールは明示的でなく、暗黙的な不文律であることが多い。「洋菓子の経営学」（森元伸枝著）によると、兵庫県の洋菓子産業は神戸市、芦屋市、西宮市周辺に集積している。多数の洋菓子店の間では顧客獲得の激しい競争を展開しながら、職人育成で協調するシステムが存在するという。

業界内部に持続的なイノベーションをもたらしながら、過当競争を避ける不文律があるのだ。

例えば神戸は〝洋菓子産業〟の集積地だ。各店はケーキの味、外見、売り場の雰囲気などで微妙な差をつけ、それぞれのお得意さまとなる固定客の確保に努める。似たような商品（ケーキ）での競争は極力避けている。仮にそうなれば値下げ合戦につながり、共倒れに陥りかねないためだ。

同書によると、これを避けるために2つの不文律がある。パティシエ（洋菓子職人）は自分の店を構えても、師匠のパティシエと同じ商品をつくらず、その近くでは開業しないことだ。その代わりに師匠は独立を前提として弟子を育成する。

適度な競争は産地で切《せっ》磋《さ》琢《たく》磨《ま》と多様性を生み、イノベーションが進む。洋菓子の神戸に限らず、産業集積地では競争と協調の絶妙な均衡が求められる。

製品に加え仕組みも差別化を

今回のシリーズのテーマは「地方からの『オンリーワン』」だ。オンリーワンであることの優位性について考えよう。

経営学者のマイケル・ポーター米ハーバード大学教授によると、経営戦略の常道として考えられるのは、同業他社よりも低いコストで競争を挑むコストリーダーシップと、差別化の2つである。

一般的には業界のリーダー企業が仕掛ける戦略がコストリーダーシップ戦略だ。そこでは、生産量が増えるにしたがって単位当たりの平均費用が下がる「規模の経済」や、累積生産量が増えるにつれて単位当たりの平均費用が下がる「経験曲線効果」が作用するかどうかがポイントになる。

いずれも一定の規模の生産量が必要で、多くの中小企業にとっては採用が難しい戦略だ。価格競争で消耗戦になれば大手企業にはかなわない。

一方、差別化戦略における競争優位の源泉は独自性（オリジナリティー）である。企業、製品のブランドイメージ、品質、性能、デザイン、流通チャネル、アフターサービスなどさまざまな面で、他社と差別化できる。これならば資本が潤沢でない地方の中小企業でも取り組むことができる。

岐阜県大垣市の大垣共立銀行はATMを活用した独自の顧客サービスを提供することによって成長した。銀行をサービス業としてとらえ、行員を他社で研修させ、顧客ニーズをつかむ訓練を積ませる努力が背景にある。

広島県福山市の織布メーカー、カイハラは高機能のデニム製造に特化している。この時点ですでに品質面での差別化に成功している。さらに紡績、染色、織布、整理加工という織布の全工程を自社でまかなう一貫生産という仕組みの部分でも、独自性を発揮している。

差別化が製品だけならば他社にまねをされるが、人材育成や工程といった会社の仕組みにまで広げれば模倣は困難だ。そうやって地方から「オンリーワン」になれる。

戦略では差別性が効果的

神戸大学名誉教授で経営学者の吉原英樹が書いた「『バカな』と『なるほど』」によると、成功する戦略には差別性と合理性の2要素がある。

差別性とは、多くの企業の常識的な戦略とは異なる〝非常識な戦略〟のことだ。外部からは「バカな」といわれるくらい他社とは違う。合理性とは「なるほど」と納得できる論理的な戦略だ。

比べると差別性の方が効果的だ。合理性を過度に重視すると常識的で平凡な戦略になりやすい。

差別性は実行に移す前の事前評価によってさらに2つに分けられる。他社に「たい

差別化戦略の有効性

		事前評価	
		高「たいしたものだ」	低「いかがなものか」
事後評価	高「合理的」	○	◎
	低「理解不能」	×	△

したものだ」と称賛されるか、「いかがなものか」とあきれられるかということだ。

後者のあきれられる差別性の方が重要だ。多くの人が称賛する差別性ならば、他社がすぐに模倣する。事後の成功で「なるほど」となる可能性が高いからだ。一方、あきれられる戦略は模倣が遅れがちだ。事後の成否はすぐに判断できず、失敗すれば「理解不能」と非難されかねないためだ。

国内のデニム生産最大手のカイハラ（広島県福山市）は、一見、労働集約型と思われる繊維産業で国内生産にこだわってきた。海外に出る他の繊維各社とは異なる。同社は紡績から織布までは装置産業と考える。高機能デニムを国内で一貫生産する戦略は論理的だ。

農業生産法人のサラダボウル（山梨県中央

市）は、借りた耕作放棄地でのビニールハウスから事業を始めた。おそらくは「そこまでやるか」とあきれられたのではないか。だが、先入観をもたずに取り組んだ田中進社長の努力が実を結んだ。

既存の枠組みを外れた発想を

さまざまな業界のパラダイムとイノベーションについて考察してみたい。

既存企業は、業界特有の固定化した考え方を身につけることでイノベーションを避ける傾向がある。業界内部で共有されている価値観、行動規範を身につけていくことで競争優位を得た結果、それを否定するような行動をすることに抵抗を感じるようになるからだ。

こうした現象は業界に属する1つの会社の中でも起きやすい。新入社員よりもベテラン社員の方が、会社独自の価値観や行動規範に縛られ、これから外れた考え方ができなくなることが多い。

業界や企業でイノベーター（革新者）になれるのは、こうした固定のパラダイムを無視するか知らないことで新しい挑戦ができる人物である。それはしばしば無謀な行為に見られるが、既存のパラダイムを外れることで自由な発想ができる。

岐阜県大垣市の大垣共立銀行では、現頭取の土屋嶢氏の父親が頭取時代に、監督官庁の意向に背いて日曜日のＡＴＭ稼働サービスを始めた。父親はジャーナリストとして活躍した後、銀行経営に携わっていた。嶢氏はこのサービスを拡大、ＡＴＭを1年365日使える「エブリデーバンキング」を始めた。

いずれも「銀行は土日に休業」という業界のパラダイムに縛られない発想が背景にある。

山梨県中央市の農業生産法人、サラダボウルの事例は、長く斜陽産業と思われていた農業において、イノベーションに取り組んでいる興味深い試みである。創業者の田中進社長は、農家に生まれながら外資系金融機関などで10年ほど働いた経験があり、どんな産業でも工夫や情熱次第で素晴らしい会社になれると考えていたことがパラダイム転換につながった。

既存の制度や規範とは認知的な存在である。それを守るべきものと見るか、変えられると考えるかで結果は異なる。

異なる価値観に寛容な都市を

締めくくりとして、地方の産業の課題を取り上げる。地場産業の多くは衰退する傾向。古くからの伝統的な産業に限らず、戦後に発展してきた産業集積も同様だ。その理由の一つはよそ者、若者、異端児を受け入れることを怠ってきたからではないかと思われる。適度な競争とイノベーションがなければ衰退するのは当然だ。

地方に優れた人材がいても、保守的で既存企業が秩序を形成する地場産業では、なかなか活躍の場がない。機会が多い大都市に移る選択は合理的だ。才能を生かす場がなければ出身地を離れるのは当然である。地場産業を抱える地方が、地域の内外から人材をひきつける魅力を持たなければ、発展につながるイノベーションは生まれにくい。

日本における地域間競争の実態は、それぞれの企業間の競争だけでなく、人材獲得を巡る都市間の争いでもある。

優れた人材は、排他的で魅力に乏しい地域に集まらない。社会的な流動性が高まっている現代社会において、人材獲得の成否は都市の魅力が大きく左右する。「クリエイティブ都市経済論」などの著書があるトロント大学（カナダ）教授のリチャード・フロリダ氏はそれを、都市のもつ寛容性と呼んだ。異質な人材を受け入れ、多様性を尊重し、異なる価値観に対して寛容性をもつ都市が経済も成長させるのだ。

日本の地方都市はこれから、国内の地域間競争だけでなく、近隣のアジア各国・地域の都市との競争を強いられる。その中で都市の魅力をいかに高められるかが、勝ち残れるかどうかのポイントになる。活用できる資源の一つが地方の大学である。カリキュラムなどを工夫すれば、優れた人材としての留学生を引きつけられる。留学生が卒業後、地元企業に就職すれば、イノベーターになり得るのだ。

本書は2012年9月から2013年5月まで日本経済新聞に連載された「経営塾」をまとめ、日経ビジネス人文庫のために新たに編集したものです。

日経ビジネス人文庫

経営者《けいえいしゃ》が語《かた》る戦略《せんりゃく》 教室《きょうしつ》

2013年9月2日　第1刷発行

編者
日本経済新聞社

発行者
斎田久夫

発行所
日本経済新聞出版社
東京都千代田区大手町1-3-7　〒100-8066
電話(03)3270-0251(代)　http://www.nikkeibook.com/

ブックデザイン
鈴木成一デザイン室

印刷・製本
凸版印刷

Printed in Japan　ISBN978-4-532-19700-1

nbb 好評既刊

ビジネススクールで身につける仮説思考と分析力

生方正也

難しい分析ツールも独創的な思考力も必要なし。事例と演習を交え、誰もが実践できる仮説立案と分析の考え方とプロセスを学ぶ。

江連忠のゴルフ開眼！

江連 忠

「右脳と左脳を会話させるな」――。歴代賞金王からアマチュアまで、悩めるゴルファーを開眼させたカリスマコーチの名語録。

チャールズ・エリスが選ぶ「投資の名言」

チャールズ・エリス
鹿毛雄二＝訳

ケインズからバフェットまで、投資判断に迷った時や「ここぞ」という時に勇気と知恵を与えてくれる、天才投資家たちの名言集。

仕事で本当に大切にしたいこと

大竹美喜

弱みを知れば、それが強みになる。強く信じることが戦略になる。自分探しと夢の実現に成功するノウハウを説く。

投資をするならこれを読め 改訂増補版

太田 忠

賢い投資家になるために必読の投資本78冊を紹介。専門書から、知る人ぞ知る名著、思わぬ面白さの小説までカンドコロを解説。

nbb 好評既刊

イラスト版 管理職心得

大野 潔

部下の長所の引き出し方、組織の活性化法、仕事の段取り力、経営の基礎知識など、初めて管理職になる人もこれだけ知れば大丈夫。

春の草

岡 潔

世界的数学者であり、名随筆家として知られる著者が、自らの半生を振り返る。日本人は何を学ぶべきかを記した名著、待望の復刊！

勝利のチームメイク

岡田武史
平尾誠二
古田敦也

「選手の長所だけを見つめていく」「勝つ感動を全員で共有する」――。三人の名将がここ一番に強い集団を作るための本質を語る。

鈴木敏文 考える原則

緒方知行＝編著

「過去のデータは百害あって一利なし」「組織が大きいほど一人の責任は重い」――。稀代の名経営者が語る仕事の考え方、進め方。

鈴木敏文 経営の不易

緒方知行＝編著

「業績は企業体質の結果である」「当たり前に徹すれば当たり前でなくなる」――。社員に語り続ける、鈴木流「不変の商売原則」。

好評既刊

文章がうまくなる コピーライターの読書術

鈴木康之

40年以上広告界の第一線で活躍する著者が、様々な名著・名コピーを取り上げ、読ませる文章を書くための、上手な読み方を指南。

ゴルファーは 開眼、閉眼、また開眼

鈴木康之

コピーライターで、ゴルフ研究家としても知られる著者が、もっと上質なプレーヤーになるために役立つ賢者の名言を紹介。

江戸商人の経営《ビジネス》戦略

鈴木浩三

「日本的経営」のルーツがここにある！ M&A、CSR、業界団体の存在――従来の「あきんど」像を打ち破る、熾烈な競争を明らかに。

ビジネス版 これが英語で言えますか

デイビッド・セイン

「減収減益」「翌月払い」「著作権侵害」など、言えそうで言えない英語表現やビジネスでよく使われる慣用句をイラスト入りで紹介。

中学英語で通じる ビジネス英会話

デイビッド・セイン

文法や難しい言葉は会話の妨げになるだけ。上級の表現が中学1000単語レベルで簡単に言い換えられる。とっさに使える即戦スキル。

nbb 好評既刊

インド

日本経済新聞社＝編

急速に発展するインド経済をデリー駐在記者が現地報告。主要産業の現状、台頭する新富裕層……。手軽に読めるインド入門書。

日本電産　永守イズムの挑戦

日本経済新聞社＝編

積極的M&Aで成長続ける日本電産。三協精機再生の舞台裏をドキュメントで検証しながら、その強さの秘密を描き出す。

イスラム

日本経済新聞社＝編

原油高を背景に、EUや北米、東アジア圏を上回る巨大経済圏が生まれようとしている。振興著しいイスラムの内実をレポート。

実録　世界金融危機

日本経済新聞社＝編

米国の不動産ローン危機が、なぜ世界経済危機に拡大してしまったのか？　日経新聞記者が、世界金融危機のすべてを解説する決定版！

裏読み世界地図

日本経済新聞社＝編

北極圏争奪戦の行方は？　ケータイがアフリカ社会を変える？　各国駐在の日本経済新聞記者がニュースの裏に潜む新常識を描き出す！

nbb 好評既刊

それでも社長になりました！

日本経済新聞社＝編

上司の〝イジメ〟、取引先からの罵倒、左遷――あの時代があったからこそ今がある。大企業トップ40人が語る「私の課長時代」。

それでも社長になりました！2

日本経済新聞社＝編

会社人生は山あり谷あり。「今だから言える」と大企業トップ37人が本音で語る若き日の失敗談。日経連載「私の課長時代」の文庫化第2弾。

追跡！ 値段ミステリー

日本経済新聞社＝編

ダイヤモンドは角型より丸型の方がなぜ高い？日常の生活で感じる値段の疑問を、第一線の記者たちが徹底取材する。

そこまでやるか！

日本経済新聞社＝編

一見フツーの人のトンデモない努力と一風変わっているがゆえのスゴイ結果をユーモラスに描く人物コラム集。過剰な熱意が日本を変える！

ところ変われば

日本経済新聞社＝編

「首を横に振ると〝はい〟（ブルガリア）」「家を継ぐのは末娘（タイ）」など、日本人が知らない他国の常識を世界各地の記者がレポート！